La Dama

LA DIETA
PARA PERDER PESO DE
FIN DE SEMANA

LA DIETA
PARA PERDER PESO DE
FIN DE SEMANA

Cherie Calbom, MC
NUTRICIONISTA CLÍNICA

CASA
CREACIÓN

La mayoría de los productos de Casa Creación están disponibles a un precio con descuento en cantidades de mayoreo para promociones de ventas, ofertas especiales, levantar fondos y atender necesidades educativas. Para más información, escriba a Casa Creación, 600 Rinehart Road, Lake Mary, Florida, 32746; o llame al teléfono (407) 333-7117 en Estados Unidos.

La dieta para perder peso de fin de semana por Cherie Calbom
Publicado por Casa Creación
Una compañía de Charisma Media
600 Rinehart Road
Lake Mary, Florida 32746
www.casacreacion.com

Traducido por: Belmonte Traductores
Director de arte: Justin Evans

Originally published in the U.S.A. under the title:
Weekend Weight-Loss Diet
Published by Siloam, a Charisma Media Company,
Lake Mary, FL 32746 USA
Copyright © 2011 Cherie Calbom

Visite la página web de la autora: www.cheriecalbom.com.

Library of Congress Control Number: 2014943069
ISBN: 978-1-62136-850-2
E-book: 978-1-62136-899-1

Impreso en los Estados Unidos de América
14 15 16 17 18 * 5 4 3 2 1

Contenido

Introducción

¡La dieta de jugos para comenzar que funciona!

¿**F**RUSTRADA POR DIETAS que requieren meses de contar calorías, pesarse y medirse con todo tipo de equipamiento, alimentos especiales, píldoras caras o recetas complicadas con ingredientes difíciles de encontrar? *La dieta para perder peso de fin de semana de la Dama de los Jugos* es un enfoque sencillo, de dos días de duración, de la pérdida de peso. Úsela para perder una talla de ropa, librarse de ese flotador que sobresale por el pantalón, eliminar algunos kilos no queridos, desintoxicar su cuerpo o dar arranque a sus metas a largo plazo de pérdida de peso. En solamente dos días podrá lograr cualquiera de estos objetivos siguiendo el plan delineado en este libro.

Pero hay un pequeño secreto. La dieta para perder peso de fin de semana no es en realidad una dieta. *¡Es una posición idónea para un modo de vida totalmente nuevo!* Es la manera de comer que yo he seguido durante más de dos décadas. Sé que funciona. Es como he mantenido mi peso. Ha funcionado para cientos de personas con las que he trabajado como nutricionista y la Dama de los Jugos. Me convertí en la Dama de los Jugos en 1991 cuando fui a trabajar para la empresa Juiceman Company mientras estaba terminando mi maestría en ciencias en la Universidad Bastyr. Desde mi graduación en 1991 he hablado a diferentes audiencias, grandes y pequeñas igualmente, en salones, restaurantes, salas de reuniones, centros de convenciones, iglesias y universidades. He enseñado clases de cocina, cómo hacer jugos, nutrición y pérdida de peso durante muchos años. Miles de personas han perdido peso y han mejorado su salud al aplicar lo que han aprendido en mis seminarios, clases y grupos. El programa de jugos se ha demostrado en estudios universitarios que facilita la pérdida de peso, de lo cual leeremos más adelante. Ahora puede disfrutar de los beneficios de la pérdida de peso de los jugos juntamente con una abundante energía, mejor humor y una salud mejorada.

Con un plan de menús de dos días y muchas recetas exquisitas, ¡está de camino hacia un nuevo usted! Puede disfrutar de muchos jugos vegetales deliciosos a la vez que quema grasa. Eso es lo único que tiene que hacer. Piénselo: ¡puede beber deliciosos jugos de verduras y perder peso!

La dieta para perder peso de fin de semana de la Dama de los Jugos es divertida, fácil y sana. Obtiene rápidos resultados sin batallar o tener que privarse; sin sentir antojos o subirse por la pared de la cocina. Se sentirá satisfecho después de beber los jugos frescos de verduras. Y estará sonriendo cuando se suba a la báscula en el baño.

Pero por encima de librarse de algunos kilos rápidamente, es mi esperanza que este programa de fin de semana le sitúe en la posición idónea para un estilo de vida totalmente nuevo. La dieta para perder peso de fin de semana se menciona en mis libros *The Juice Lady's Turbo Juice Diet* y *The Juice Lady's Living Foods Revolution*. Esos libros contienen programas de comidas más extensos que puede usted incorporar a su vida diaria para obtener resultados a largo plazo. Pero el programa para perder peso de fin de semana es un programa sencillo que he estado recomendando durante años como un modo de dar arranque a sus metas sanas de alimentación. Requiere solamente dos días, pero funciona tan bien porque alimenta el cuerpo con una abundancia de vitaminas, minerales, enzimas y fitonutrientes en forma de jugos recién hechos y de alto contenido en agua, alimentos alcalinos de plantas como verduras, fruta baja en azúcar y brotes.

¡Y escuche! Este es un programa demostrado. Está basado en

estudios científicos de los que aprenderá más a medida que siga leyendo, que confirman que beber dos vasos de jugos de verduras diariamente aumenta la pérdida de peso cuatro veces más que quienes no incluyen beber jugos.

Con esta dieta tendrá la oportunidad de alimentar verdaderamente su cuerpo. Cuando está satisfecho nutricionalmente, sus deseos de comida se desvanecen como la neblina ante el sol. Su cuerpo puede usar todo lo que usted come, y muy poco se queda almacenado en células adiposas. Muchos de esos pequeños "tanques de almacenamiento" ya no serán necesarios por mucho más tiempo.

Llenas de nutrientes, las combinaciones de jugos vegetales en la dieta para perder peso de fin de semana envían una señal al cerebro de que su cuerpo está bien alimentado. Tendrá menos probabilidades de experimentar señales de hambre que le hacen limpiar el refrigerador después de la cena porque su cuerpo sigue anhelando nutrientes. Y debido a que los jugos son ricos en antioxidantes que se enlazan a toxinas y las eliminan, ayudan a desintoxicar lo que es una fuente importante de aumento de peso: toxinas y ácidos. Muchas personas no sólo han perdido peso con las mismas recetas de jugos que he incluido en la dieta para perder peso de fin de semana, sino que también han descubierto muy pronto que quieren seguir alimentando sus cuerpos de este modo porque se sienten estupendamente, con abundante energía, un sueño más reparador y un estado mental de mayor felicidad. Hay muchos testimonios e historias en mi página web www.juiceladyinfo.com.

Una historia que quiero compartir antes de que sigamos adelante es mi propia historia. Mi vida cambió drásticamente hace años cuando descubrí el poder de curación de los jugos recién hechos y de los alimentos crudos y completos. Me gustaría compartir con ustedes mi historia.

Me preguntaba si volvería
a estar bien otra vez

Cuando cumplí los treinta años, tuve que dejar mi trabajo. Tenía síndrome de fatiga crónica y fibromialgia que me hacían estar tan enferma que no podía trabajar. Sentía como si tuviera una gripe interminable. Constantemente tenía fiebre, las glándulas inflamadas y me sentía siempre aletargada, y también tenía dolor constante. Mi cuerpo dolía como si hubiera estado dando vueltas dentro de una lavadora.

Había regresado a vivir a la casa de mi padre en Colorado para intentar recuperarme; pero ningún médico tenía una respuesta en cuanto a lo que debería hacer para facilitar la sanidad. Leí acerca de los jugos y los alimentos completos, y tenía sentido; por tanto, compré una licuadora y diseñé un programa que pudiera seguir.

Exprimí y seguí una dieta casi perfecta de alimentos vivos y completos durante tres meses, aunque hubo altibajos en ese periodo. Tenía días en que me sentía alentada en cuanto a que estaba haciendo cierto progreso, pero otros días me sentía peor. Esos días eran desalentadores y me hacían preguntarme si mi salud sería un sueño esquivo. Nadie me habló sobre reacciones de desintoxicación, que era lo que yo experimentaba. Obviamente, yo era muy tóxica, y mi cuerpo estaba eliminando todas esas cosas que me hacían estar enferma. Eso causaba que tuviera algunos días no tan buenos en medio de otros prometedores.

Pero una mañana me desperté temprano, temprano para mí, alrededor de las 8:00 de la mañana, sin que sonase el despertador. Sentía como si alguien me hubiese dado un cuerpo nuevo durante la noche. Tenía tanta energía que en realidad quería salir a correr. ¿Qué había sucedido? Esa nueva sensación de salud acababa de aparecer junto con el sol de la mañana. Pero realmente mi cuerpo había estado curándose durante todo el tiempo; sencillamente no se había manifestado hasta aquel día. ¡Qué maravilloso sentimiento de estar viva! Me veía y me sentía completamente renovada.

Con mi licuadora y un nuevo estilo de vida totalmente adoptado, regresé al sur de California un par de semanas después para terminar de escribir mi primer libro. Durante casi un año fueron "diez pasos hacia adelante" con una estupenda salud y más energía de la que nunca había recordado.

Entonces, de repente, di un gigantesco paso hacia atrás.

El evento que me dejó sin respiración

El 4 de julio era un hermoso día como muchos otros en el sur de California. Yo estaba celebrando la fiesta con amigos aquella noche con una barbacoa en el patio. Regresé justamente antes de la medianoche a la casa de vacaciones en la que estaba y me metí en la cama.

Me desperté temblando un rato después. "¿Por qué hace tanto frío?", me preguntaba mientras me giraba para ver el reloj; eran las 3:00 de la mañana. Fue cuando me di cuenta de que la puerta del patio estaba abierta. Entonces le observé agachado entre las sombras del rincón de la habitación: un joven con pantalones cortos y sin camisa. Parpadeé dos veces, intentando negar lo que estaba viendo.

En lugar de salir corriendo, él dio un salto y corrió hacia mí. Sacó un palo metálico de sus pantalones y comenzó a atacarme, golpeándome repetidamente en la cabeza y gritando: "¡Ya estás muerta!". Luchamos, o debería decir que intenté defenderme y agarrar el palo. Finalmente se le cayó de las manos; fue entonces cuando intentó ahogarme y dejarme inconsciente. Sentí que la vida se alejaba de mi cuerpo. En esos últimos segundos, supe que estaba muriendo. Pensé: "Hasta aquí; es el final de mi vida". Sentí tristeza por las personas que me amaban y por cómo se sentirían acerca de este trágico evento. Entonces sentí que mi espíritu se iba con una sensación de saltar de mi cuerpo y flotar hacia arriba. De repente, todo era paz y tranquilidad. Sentí que estaba viajando, a lo que parecía la velocidad de la luz, por el espacio oscuro. Vi lo que parecían luces que parpadeaban en la distancia.

Pero repentinamente estaba de regreso en mi cuerpo, fuera de la casa, agarrada a una valla al final del camino para el perro. No sé cómo llegué hasta allí. Grité pidiendo ayuda con todas las fuerzas que me quedaban. Cada vez que gritaba, me desmayaba y caía sobre el asfalto. Entonces tenía que incorporarme otra vez. Pero finalmente una vecina me escuchó y envió a su esposo para ayudarme. Poco tiempo después estaba de camino al hospital.

Tumbada en una fría camilla a las 4:30 de la madrugada, congelada hasta los huesos, perdiendo a veces la conciencia, intenté evaluar mis heridas, lo cual era prácticamente imposible. Lo siguiente que recuerdo es que me llevaban a cirugía. Más adelante supe que había sufrido graves heridas en mi cabeza, cuello, espalda y mano derecha, con múltiples heridas en la cabeza y parte de mi cuero cabelludo separado de mi cabeza. También tuve la rotura de varios dientes, que dio como resultado varios empastes y fundas meses después.

Mi mano derecha fue la que sufrió las heridas más graves, con dos nudillos aplastados hasta quedar convertidos en meros fragmentos de hueso que tuvieron que ser unidos por tres clavos de metal. Seis meses después del ataque seguía sin poder utilizarla. La escayola que llevaba, con tiras que sujetaban el dedo anular, que casi había sido arrancado de mi mano, y varias partes con moldes extraños, parecía algo de una película de ciencia ficción. Me sentía y me veía peor que desesperanzada, con lo alto de mi cabeza rasurada, ojos totalmente enrojecidos e inflamados, un corte en mi cara, con la mano derecha inútil, un miedo terrorífico, y apenas la energía suficiente para vestirme en la mañana.

Yo era un desastre emocional. No podía dormir por la noche, ni siquiera un minuto. Era una tortura. Me quedaba tumbada en la cama toda la noche mirando al techo o el piso del dormitorio. Tenía cinco luces que mantenía encendidas durante toda la noche.

Intentaba leer, pero mis ojos me ardían. Podía dormir solamente un rato durante el día.

Pero la peor parte era el dolor en mi alma que casi me dejaba sin respiración. Todo el dolor emocional del ataque unido al dolor y el trauma de mi pasado para formar un maremoto emocional. Mi pasado había estado lleno de pérdida, trauma y ansiedad. Mi hermano murió cuando yo tenía dos años. Mi madre había muerto de cáncer cuando yo tenía seis. No podía recordar mucho con respecto a su muerte; los recuerdos parecían bloqueados. Pero mi primo decía que me desmayé en su funeral. Eso me decía que el impacto fue inmenso.

Como probablemente se podrá imaginar, inmersa en mi alma había una importante cantidad de angustia y dolor. Fue necesaria cada pizca de mi voluntad, mi fe y mi confianza en Dios, una profunda obra espiritual, ayuda médica alternativa, vitaminas y minerales extra, jugos vegetales, alivio emocional, oración para sanidad y numerosos programas de desintoxicación para sanar física, mental y emocionalmente. Conocí a un médico con mentalidad nutricional que había curado sus propios huesos rotos que se sanaban lentamente con muchas inyecciones de vitaminas y minerales. Él me puso inyecciones similares. Jugos, limpieza, suplementos nutricionales, una dieta casi perfecta, oración y terapia física ayudaron a mis huesos y otras heridas a curarse.

Después de seguir ese régimen aproximadamente durante nueve meses, lo que el cirujano de mi mano dijo que sería imposible se convirtió en realidad: una mano totalmente restaurada y plenamente funcional. Él me había dicho que nunca volvería a utilizar mi mano derecha, y que era casi imposible ponerme nudillos de plástico debido a su mal estado. Pero mis nudillos ciertamente se recuperaron principalmente mediante la oración, y la función de mi mano regresó. Llegó un día en que él me dijo que estaba totalmente curada, y aunque admitía que no creía en los milagros, me dijo: "Eres lo más cercano que he visto a un milagro".

¡Era un milagro! Yo tenía otra vez una mano útil, y mi carrera en la escritura no había terminado como yo pensaba que sucedería. Mis heridas interiores fueron las que parecieron más graves al final y las más difíciles de sanar. Sin embargo, también se curaron. Experimenté sanidad de los dolorosos recuerdos y el trauma del ataque, y de las heridas del pasado mediante oración, imposición de manos y una profunda obra de sanidad emocional.

Yo les llamaba los *ángeles de la cocina*: las señoras que oraban por mí alrededor de su mesa de la cocina semana tras semana hasta que mi alma fue sanada. Yo lloré intensamente todas las lágrimas que habían estado acumuladas en mi alma. Todo aquello necesitaba ser liberado. El perdón y soltar esas cosas se produjo en etapas, y fue una parte integral de mi sanidad total. Tuve que ser sincera con respecto a lo que realmente sentía, y estar dispuesta a enfrentarme al dolor y a las emociones tóxicas que estaban en mi interior, para soltarlas después. Finalmente, un día después de un largo viaje, me sentí libre. Llegó el momento en que pude celebrar el 4 de julio sin temor.

Cuando miro atrás a ese primer día en el hospital después de muchas horas de cirugía, me resulta sorprendente que lograse salir adelante. Mi mano descansaba sobre un cabestrillo que colgaba por encima de mi cabeza; estaba tan vendada que parecía el guante de boxeo de George Foreman. Mi cara estaba negra y azulada, y mis ojos estaban rojos; no tenían nada de color blanco, estaban completamente enrojecidos. Mientras estaba allí tumbada a solas y con lágrimas recorriendo mi cara, le pregunté a Dios si Él podría sacar algo bueno de aquella horrible situación. Necesitaba algo a lo que aferrarme. Mi oración fue respondida. Finalmente supe que mi propósito era amar a las personas para que vivan por medio de mi escritura y de información nutricional para ayudarles a encontrar su camino hacia la salud y la sanidad. Si yo pude recuperarme de todo lo que me había sucedido, los demás también podrían hacerlo. A pesar de lo que cualquiera afrontase, había esperanza.

Tengo una receta de un jugo que se llama "Cóctel Usted es amado" en este libro. Le puse ese nombre porque quiero que usted sepa que es amado, que le envío mi amor entre las líneas de este libro y junto con las recetas de jugos y de alimentos crudos. Hay esperanza para usted, independientemente de los retos de salud que afronte. Hay un propósito para su vida, al igual que lo hubo para la mía. Necesita usted ser fuerte y estar bien para llevar a cabo su propósito. Le puede servir muy bien tener una mente positiva y una actitud optimista. Hacia ese fin, *La dieta para perder peso de fin de semana de la Dama de los Jugos* puede ayudarle a vivir su vida al máximo y a terminar bien.

UN NUEVO MODO DE VIDA

Cuando complete la dieta para perder peso de fin de semana, es mi esperanza que haya comenzado un cambio en sus hábitos alimenticios. Los deseos que antes le llevaban a comer alimentos que ni siquiera quería están comenzando a desaparecer. Las dietas yo-yó podrían haberse ido para siempre, si usted hace de este estilo de comer su modo de vida.

Lo mejor de todo: estará más sano. Al igual que en las historias de éxito que personas comparten conmigo diariamente mediante cartas y correos electrónicos, también usted puede experimentar más éxito en la pérdida de peso, unido a energía y abundante salud, del que nunca pensó que fuese posible. Puede tener un ánimo más alegre y la oportunidad de disfrutar de cada día. Y tendrá la mayor oportunidad de prevenir graves enfermedades como cáncer, diabetes o enfermedades del corazón.

Esta dieta es su primer paso hacia un nuevo modo de vida con el que querrá quedarse, porque sentirse sano, feliz y lleno de energía es algo que nunca querrá perder una vez que lo obtenga, sin importar lo atractivos que pudieran parecer algunos alimentos. Por tanto, ¡levante su vaso de jugo vegetal y haga un brindis por una nueva era en su vida!

Capítulo 1

Pérdida de peso en una misión

LA ORGANIZACIÓN MUNDIAL de la Salud calcula que para el año 2015 habrá más de 1,5 mil millones de consumidores con sobrepeso, incurriendo en costos de salud por encima de los 117 mil millones de dólares por año solamente en Estados Unidos.[1] Es obvio que necesitamos hacer algo de modo diferente. Necesitamos un nuevo modo de vida: una revolución en el modo en que comemos, una que adoptemos durante el resto de nuestra vida.

¿Y si encontrase un programa de pérdida de peso que pudiera ayudarle a perder peso más eficazmente que cualquier otra cosa que haya intentado jamás? ¿Y si ese programa no conllevase comidas caras que tuviera usted que pedir, píldoras que tuviera que comprar, o nada más que estupendos alimentos completos que usted preparase en su cocina? ¿Y si ese programa le ayudase a verse y a sentirse mejor que nunca? ¿Y si fuese un modo de vida tan vigorizante que usted quisiera seguirlo durante el resto de su vida? ¿Está interesado?

La dieta para perder peso de fin de semana de la Dama de los Jugos es una pista rápida hacia tal programa. Este arranque de dos días puede llevarle a un estilo de vida transformador que está ayudando a miles de personas a perder peso, no volver a recuperarlo, y revolucionar por completo su salud. Es lo que yo denomino *pérdida de peso en una misión*: la misión es ayudarle a que sea usted más sano, feliz y lleno de vida, al igual que más delgado y en forma. (Encontrará un programa completo de jugos para perder peso en mi libro *The Juice Lady's Turbo Diet*).

Los jugos de vegetales recién hechos están en el centro de la dieta para perder peso de fin de semana. Proporcionan fuentes concentradas de nutrientes muy absorbibles. Son bajos en grasa y calorías, de modo que sustituir alimentos con muchas calorías por jugos frescos es un éxito garantizado en la pérdida de peso.

Pero los beneficios de los jugos no terminan aquí. Los jugos vegetales ayudan a contener los antojos porque satisfacen las necesidades que su cuerpo tiene de nutrientes. Son alcalinos, lo cual es muy útil para equilibrar un sistema que probablemente sea demasiado ácido. También son altos en antioxidantes con propiedades antiedad y mejora de la inmunidad; eso significa que le está dando a su cuerpo las cosas que necesita para comenzar a verse y sentirse más joven.

Jugos frescos: una abundancia de nutrientes

Cada vez que usted se sirva un vaso de jugo, imagine una abundancia de nutrientes que entran en su cuerpo, fomentando la salud, acelerando su metabolismo, equilibrando el peso y aumentando la vitalidad. Esta mezcla de nutrientes puede cambiar su vida, cambiar por completo su vida, ¡al igual que cambió la mía! A continuación está lo que proporciona cada vaso de jugo.

Aminoácidos

¿Pensó alguna vez que el jugo fuese una fuente de proteína? La mayoría de personas dirían que no. Sorprendentemente, ofrece más aminoácidos de los que pudiera usted pensar. Utilizamos los aminoácidos para formar músculos, ligamentos, tendones, cabello, uñas y piel. La proteína es necesaria para crear enzimas, que dirigen las reacciones químicas, y hormonas, que guían las funciones corporales. Frutas y verduras contienen menores cantidades de proteína que los alimentos animales como carnes magras y productos lácteos; por tanto, se piensa en ellas como pobres fuentes de proteína. Pero los jugos son formas concentradas de verduras y, por tanto, proporcionan aminoácidos fácilmente absorbibles, que son los fundamentos que constituyen la proteína. Por ejemplo, 16 onzas (450 g) de jugo de zanahoria (2-3 libras de zanahoria) proporciona unos 5 gramos de proteína (el equivalente a una alita de pollo o 2 onzas/56 gr de tofu). Yo no recomiendo beber tanto jugo de zanahoria debido al contenido de azúcar, pero es un ejemplo.

La proteína vegetal no es una proteína completa, de modo que no proporciona todos los aminoácidos que el cuerpo necesita. Además de muchas verduras de hojas oscuras, cuando termine su arranque de pérdida de peso de fin de semana, querrá comer otras fuentes de proteína, como brotes, legumbres (frijoles, lentejas y chícharos), frutos secos, semillas y granos integrales. Si no es usted vegano, puede añadir huevos y carnes magras alimentadas con pasto, como pollo, pavo, cordero y res, junto con pesca de río o mar.

Carbohidratos

La mayoría de jugos vegetales contienen carbohidratos buenos. Las excepciones serían zanahorias y remolacha, que tienen mayor contenido en azúcar. Deberían utilizarse en pequeñas cantidades y diluirse en jugos vegetales bajos en azúcar, como el pepino y verduras de hoja oscura. Los carbohidratos proporcionan alimento para el cuerpo, que lo utiliza para obtener energía, producción de calor y reacciones químicas. Los enlaces químicos de los carbohidratos mantienen la energía que una planta toma del sol y de la tierra, y esta energía es liberada cuando el cuerpo quema alimentos vegetales como combustible.

Hay tres categorías de carbohidratos: simples (azúcares), complejos (almidones y fibra), y fibra. En su dieta, escoja carbohidratos más complejos que los carbohidratos simples. Hay más azúcares simples en el jugo de fruta que en el jugo de verduras, razón por la cual recomiendo que haga jugos principalmente de verduras, utilice fruta baja en azúcar para obtener sabor y un poco de dulzura, y en la mayoría de los casos no beba más de 4 onzas (113 g) de jugo de fruta al día.

Tanto la fibra insoluble como la soluble se encuentran en frutas y verduras completas, y ambos tipos son necesarios para una buena salud. Es asombroso cuántas personas siguen diciendo que el jugo no tiene nada de fibra. Contiene la forma soluble: pectina y gomas, que son excelentes para el tracto digestivo. La fibra soluble también ayuda a disminuir el colesterol, estabilizar el azúcar en la sangre y mejorar las bacterias buenas en el intestino y la evacuación.

Ácidos grasos esenciales

Hay muy poca grasa en los jugos de frutas y de verduras, pero las grasas que el jugo sí contiene son esenciales para su salud. Los ácidos grasos esenciales (AGE), los ácidos linoleico y alfalinoleico en particular, que se encuentran en el jugo fresco funcionan como componentes de células nerviosas, membranas celulares y sustancias parecidas a las hormonas llamadas prostaglandinas. También son necesarios para la producción de energía.

Vitaminas

El jugo fresco está repleto de vitaminas, pero el calor y el procesado destruyen vitaminas. Necesitamos estas sustancias orgánicas porque toman parte, junto con minerales y enzimas, en reacciones químicas por todo el cuerpo. Por ejemplo, la vitamina C participa en la producción de colágeno, uno de los principales tipos de proteína que se encuentra en el cuerpo y que mantiene la piel con un aspecto fresco y juvenil en lugar de flácida y envejecida. Los jugos recién hechos son excelentes fuentes de vitaminas solubles en agua como la C, muchas de las vitaminas B y algunas vitaminas solubles en grasa como la E y la K, junto con fitonutrientes clave como betacaroteno (conocido como provitamina A), luteína, licopeno y zeaxantina. También se unen con cofactores que aumentan la eficacia de cada nutriente; por ejemplo, la vitamina C y los bioflavonoides trabajan juntos en sinergia para hacer que el uno y el otro sean más eficaces.

Minerales

Hay aproximadamente dos decenas de minerales que el cuerpo necesita para funcionar bien, y son abundantes en el jugo fresco. Constituyen parte de huesos, dientes y sangre, y ayudan a mantener la función celular normal. Los minerales principales incluyen calcio, cloro, magnesio, fósforo, potasio, sodio y sulfuro. Trazas de minerales, entre los que se incluyen boro, cromo, cobalto, cobre, manganeso, níquel, selenio, vanadio y zinc, son los que se necesitan en cantidades muy pequeñas.

Los minerales existen en formas inorgánicas en la tierra, y las plantas los incorporan a sus tejidos. Como parte de este proceso, los minerales se combinan con moléculas orgánicas para convertirse en formas fácilmente absorbibles, lo cual hace que las plantas sean una excelente fuente dietética de minerales. Se cree que los jugos proporcionan incluso mejor absorción mineral que las verduras completas porque el proceso de exprimido libera minerales y los convierte en una forma altamente absorbible y fácilmente digerible.

Enzimas

Estas moléculas vivas prevalecen en alimentos crudos, pero el calor, como en el cocinado y la pasteurización, las destruyen. Las enzimas facilitan las reacciones bioquímicas que son necesarias para la vida. Son estructuras complejas compuestas predominantemente por proteína, y por lo general requieren cofactores adicionales para funcionar, incluyendo vitaminas; minerales como calcio, magnesio y hierro; y otros elementos. El jugo fresco está lleno de enzimas. Sin ellas no tendríamos vida.

Cuando comemos y bebemos alimentos ricos en enzimas, estas pequeñas moléculas ayudan a descomponer la comida en el tracto digestivo, ahorrando así trabajo al páncreas, el hígado y el estómago, que son los productores de enzimas del cuerpo. A esta acción de ahorro se conoce como "la ley de la secreción adaptativa de enzimas digestivas", la cual afirma que el cuerpo adaptará o cambiará la cantidad de enzimas digestivas que produce de acuerdo a lo que sea necesario. Según esta ley, cuando una parte de los alimentos que comemos es digerida por enzimas presentes en los alimentos, el cuerpo no necesitará secretar tanta cantidad de sus propias enzimas. Esto permite que la energía del cuerpo cambie de la digestión a otras funciones, como reparación y rejuvenecimiento.

Los jugos frescos requieren muy poco gasto de energía para digerirlos. Esa es una razón por la cual las personas que comienzan a beber regularmente jugos de vegetales frescos con frecuencia dicen que su digestión y evacuación mejoran, y que se siente mejor y más vigorizadas enseguida.

Fitoquímicos

Las plantas contienen sustancias conocidas como fitoquímicos que las protegen de las enfermedades, los daños y la polución. *Fito* significa planta, y *químico* en este contexto significa nutriente. Hay cientos de miles de fitoquímicos en los alimentos que comemos. Por ejemplo, el tomate promedio puede contener hasta diez mil tipos diferentes de estos nutrientes, siendo uno de los más famosos el licopeno. Los fitoquímicos dan a las plantas su color, aroma y sabor. Contrariamente a vitaminas y enzimas, son estables ante el calor y pueden soportar el cocinado. Algunos de ellos, como el licopeno, parecen ser más eficaces cuando se cocinan.

Biofotones

Hay otra sustancia que abunda en los alimentos crudos y que es más difícil de medir que las otras. Se conoce como biofotones, que es energía luminosa que se encuentra en las células vivas de las plantas crudas. Se ha demostrado que estos fotones emiten energía luminosa regular cuando son fotografiados de modo singular (fotografía Kirlian). Esta energía luminosa se cree que tiene muchos beneficios cuando se consume, tales como añadir comunicación celular y alimentar las mitocondrias y el ADN. Se cree que contribuyen a nuestra energía, vitalidad y un sentimiento de vitalidad y bienestar.

Ahora que hemos aprendido acerca del potente paquete nutricional que hay en cada vaso de jugo que bebemos, consideremos cómo se aplica todo esto a la pérdida de peso.

ALIMENTOS POTENTES QUE DAN UN GRAN IMPULSO A LA PÉRDIDA DE PESO

Además de algunos de los pasos básicos que podemos dar para lograr éxito en la pérdida de peso, hay alimentos específicos que podemos añadir a nuestro programa de pérdida de peso que marcarán una inmensa diferencia a la hora de ayudar a nuestro cuerpo a quemar grasa. Estos súper alimentos pueden ayudarnos a tener éxito y darnos inmensos dividendos para la salud al mismo tiempo. Asegúrese de añadirlos a su programa de pérdida de peso.

Jugo verde: la cura de grasa número uno. En honor a su centésimo programa, el Dr. Oz sirvió en el plató su jugo verde favorito a cien personas que habían perdido conjuntamente trece mil libras (5.800 kg). Esta mezcla de pepinos, manzana y verduras de hoja verde comenzó una nueva oleada de interés en los jugos verdes para la pérdida de peso. Por tanto, ¿por qué funcionan tan bien los jugos verdes? El Dr. Oz cita el hecho de que compensan el que la mayoría de nosotros sencillamente no obtenemos suficiente alimento de las dietas estándar. Él dice: "Sabemos que tenemos que comer al menos cinco raciones de verduras de hoja verde y frutas cada día, de modo que hacemos una bebida verde para la mañana".[2]

Hay evidencia que sugiere que incluso si tomásemos tiempo para masticar cinco tazas de verduras verdes cada día, no obtendríamos tanto beneficio de ellas como el que obtendríamos al convertirlas en jugo. El proceso mecánico de exprimir las verduras rompe las paredes celulares de las plantas y hace que la absorción sea mejor incluso que cuando los mejores "masticadores" mastican la comida al menos treinta veces antes de tragarla. Tiene un efecto parecido al de lanzar canicas a una valla metálica en lugar de lanzar pelotas de tenis; sus contenidos van a atravesarla de una manera que las pelotas de tenis no pueden hacerlo.

Los jugos contienen micronutrientes fácilmente absorbibles que harán algo más que adelgazarle; optimizarán su salud y bienestar generales. Hay ciencia tras las capacidades transformadoras de los jugos verdes, y cierto número de razones por las cuales los jugos, juntamente con una alta ingesta de alimentos vivos, vigorizan su cuerpo, ponen en marcha su metabolismo, aceleran el adelgazamiento y reparan su salud. Aquí está la evidencia con respecto a por qué funciona.

Los vegetales verdes ayudan a disminuir el riesgo de diabetes tipo 2

Debido a su elevado contenido en magnesio y su bajo índice glucémico, los vegetales de hoja verde son también valiosos para personas con diabetes tipo 2. Un estudio reveló que un aumento de tan sólo una ración y media al día de vegetales de hoja verde se relacionaba con un 14 por ciento menos de riesgo de diabetes.[3]

Los vegetales verdes ricos en magnesio aumentan la energía. Un estudio británico que comparaba el metabolismo de gemelas descubrió que la ingesta de magnesio era la variable dietética *más importante* que determinaba los niveles de adiponectina.[4] La adiponectina es una hormona secretada por los adipocitos que promueve la sensibilidad a la insulina. Esta hormona ha obtenido atención recientemente por parte de los investigadores debido a su regulación de la glucosa y el metabolismo de la grasa. Elevados niveles de adiponectina están relacionados con una mayor sensibilidad a la insulina y quema de grasa. La adiponectina también parece trabajar muy cerca de la leptina, una hormona que ayuda a controlar el apetito.

A medida que perdemos peso, esta hormona recibe un impulso. Las frutas y vegetales frescos tienen una influencia positiva sobre esta hormona, que se produce en las células adiposas. Impulsa el metabolismo y ayuda a regular la inflamación, lo cual después ayuda a prevenir la subida de peso, llegar a ser diabético tipo 2 o desarrollar enfermedades del corazón.

Este nuevo estudio demuestra muy claramente que es imperativa una cantidad adecuada de magnesio para mantener los niveles de adiponectina. Esto significa que una deficiencia de magnesio, lo cual es común en Estados Unidos, es un claro factor contribuyente a los problemas que tienen las personas con el manejo del peso. El magnesio también desempeña un papel clave en cuanto a luchar contra el estrés y la ansiedad, apoyando un sueño reparador, previniendo el síndrome de las piernas inquietas, y aumentando la energía.

Además, el magnesio ayuda a prevenir el almacenamiento de grasa. Cuando el magnesio es bajo, las células no reconocen la insulina y, como resultado, se acumula glucosa en la sangre; y entonces es almacenada como grasa en lugar de ser quemada para obtener energía.

Las plantas verdes, que son ricas en magnesio, son muy superiores a los suplementos de magnesio, porque las partículas de los suplementos son un poco grandes para que el cuerpo las absorba en su totalidad. (Yo estoy a favor de tomar suplementos de magnesio, si es necesario, pero como conjunto con una dieta rica en magnesio). Las plantas verdes toman minerales inorgánicos de la tierra mediante sus diminutas raíces y los incorporan a sus células. Se convierten en partículas orgánicas que son mucho más pequeñas y que el cuerpo absorbe con más facilidad. Se calcula que más del 90 por ciento de los minerales de una planta es llevado a las células cuando exprimirnos los vegetales. Por tanto, haga jugos con esas hojas, como acelgas, col, hojas de remolacha, perejil, espinacas, que son las cinco con mayor contenido en magnesio, además de hojas de colirrábano, col rizada, hojas de diente de león, lechuga y mostaza.

Aquí está la buena noticia: ¡aumentará usted su energía con este combustible de alto octanaje! Eso significa que hará más cosas y tendrá más ganas de hacer ejercicio, de modo que quemará más calorías y construirá más músculo.

LAS ENZIMAS ACELERAN LA QUEMA DE GRASA

Nuestro cuerpo produce enzimas que se utilizan para digerir los alimentos que comemos. Pueden encontrarse en la saliva, el intestino delgado, el estómago, el hígado y el páncreas. Estos diligentes y pequeños catalizadores descomponen proteínas, grasas y carbohidratos convirtiéndolos en ácidos grasos, aminoácidos y formas de glucosa que alimentan nuestras células.

Las enzimas son responsables de multitud de reacciones en el cuerpo. Todos los minerales, vitaminas y hormonas que ingerimos no pueden realizar sus tareas sin enzimas. Cuando nuestra dieta es deficiente en enzimas de alimentos vivos (no cocinados ni procesados), nuestro cuerpo tiene que trabajar más duro para producir las enzimas que necesita. Si tiene usted deficiencia de enzimas, puede experimentar aumento de peso, depresión y otros muchos males que inundan la sociedad moderna.

Las enzimas son verdaderamente superhombres de la pérdida de peso. Pero estas balas mágicas comienzan a disminuir a medida que envejecemos; a los treinta y cinco años de edad, la mayoría de personas tienen un declive en su producción de enzimas. Aun así, las necesitamos para la pérdida de peso y para una buena digestión. Las enzimas son las que ayudan para descomponer los alimentos y quemar grasa.

Es aquí donde los jugos salen al rescate; como mencioné anteriormente, están cargados de enzimas. Comer un alto porcentaje de alimentos crudos es importante, porque cocinar y procesar nuestros alimentos destruye las enzimas. Cuando bebemos jugos recién hechos y vivos y comemos muchos alimentos vivos, las enzimas que contienen impulsan nuestro metabolismo ayudando a ahorrar trabajo al hígado y el páncreas y no tener así que trabajar tanto. Entonces estos órganos pueden enfocarse en sus tareas metabólicas de quemar grasa y producir energía, y la digestión mejorará. Esto afecta a toda nuestra vida, a todo nuestro ser.

Tres enzimas superhéroes

- *Lipasa.* La lipasa es una enzima que divide la grasa y que abunda en los alimentos crudos. Ayuda al cuerpo en la digestión, la distribución de la grasa y la quema de grasa. Sin embargo, pocos de nosotros comemos suficientes alimentos crudos para obtener la lipasa necesaria para quemar incluso una cantidad normal de grasa, sin mencionar ningún exceso de grasa. Sin lipasa, la grasa se acumula. Podemos verlo en nuestras caderas, muslos, trasero y estómago. La lipasa es más abundante en alimentos crudos que contienen cierta grasa, tales como semillas germinadas y frutos secos, aguacate y carne de coco fresca.

- *Proteasa.* Cuando el cuerpo quema grasa, se liberan toxinas al sistema. Esto puede causar retención de líquidos e inflamación. La proteasa es una enzima digestiva que ayuda a descomponer proteínas y eliminar toxinas. Eliminar toxinas es esencial cuando se está quemando grasa. Si nuestro cuerpo está acumulando toxinas, es muy difícil quemar grasa; pero la proteasa sale al rescate y ataca y elimina toxinas. Por tanto, como podemos ver, es crucial tener abundancia de proteasa durante la pérdida de peso. La proteasa es más abundante en las hojas de las plantas; por tanto, haga jugos con esas hojas verdes y queme grasa. Además, las hojas son también ricas en antioxidantes que enlazan toxinas y las sacan de su sistema para que no hagan daño a sus células. Eso significa que obtendrá una doble acción con los jugos verdes.

- *Amilasa.* La amilasa es una enzima digestiva que descompone los carbohidratos complejos y los convierte en azúcares simples. Está también presente en la saliva. Por tanto, mientras masticamos nuestra comida, se pone a trabajar en los carbohidratos. Por eso se recomienda masticar cada bocado de comida unas treinta veces. El páncreas también produce amilasa. Y la amilasa es abundante en semillas que contengan almidón (se pueden hacer jugos con la mayoría de semillas de frutas y vegetales). Su uso terapéutico está en la regulación de la histamina, que se produce como respuesta a invasores reconocidos del cuerpo. La histamina responde en reacciones alérgicas como la fiebre del heno, y es lo que causa hormigueo, picor, ojos llorosos, estornudos y chorreo nasal. La amilasa descompone la histamina producida por el cuerpo como respuesta a alérgenos como el polen o los ácaros del polvo. Algunos profesionales de la salud creen que puede ayudar al cuerpo a identificar el alérgeno como no dañino, de modo que no produzca la histamina en un principio. Esta es una razón de que las personas con una dieta alta en plantas crudas con frecuencia experimenten mejoras en sus alergias.

Para obtener el enfoque más eficaz a la hora de aumentar las enzimas, puede que también quiera tomar un suplemento de enzimas. Me gusta especialmente una fórmula de enzimas que se toma entre comidas; limpia cualquier partícula no digerida de alimento que esté flotando por el sistema, y mejora mucho la digestión. Un popular efecto secundario es que el cabello aumenta su grosor y las uñas crecen más fuertes. (Para más información sobre estas enzimas, véase el Apéndice A).

LAS VERDURAS DE HOJA VERDE ALCALINIZAN EL CUERPO Y FOMENTAN LA PÉRDIDA DE PESO

Muchas personas toman un desayuno alto en azúcar que consiste en alimentos y bebidas como jugo de naranja, tostadas, mermelada, miel, cereales endulzados, rosquillas, magdalenas, waffles o tortitas. Todos estos azúcares y carbohidratos simples (que se convierten en azúcar fácilmente) promueven la acidez y causan que crezcan levadura y hongos. También producen mucho ácido. Desayunos tradicionales y altos en proteínas como omelet, queso, beicon, salchicha y carne también promueven elevados niveles de ácido en el cuerpo. Añadamos a eso bebidas muy ácidas como café, té negro, refrescos, alcohol y bebidas deportivas, y alimentos ácidos para el almuerzo y la cena, y estaremos consumiendo montones de alimentos que forman ácido a lo largo del día. Tenga en mente que alimentos que forman ácido no significa el estado del alimento cuando lo come o lo bebe, sino el residuo final después de haber sido metabolizado. Como resultado de este estilo de alimentación, juntamente con no comer suficientes vegetales verdes y otros alimentos vivos, muchas personas sufren una enfermedad conocida como acidosis leve, que es un desequilibrio de pH que se inclina hacia la acidez. Esto significa que el cuerpo continuamente batalla para mantener el equilibrio del pH.

Uno de los síntomas de la acidosis es aumento de peso e incapacidad para perder peso. Eso se debe a que el cuerpo tiende a almacenar ácido en células adiposas y a aferrarse a esas células para proteger los delicados tejidos y órganos. Incluso producirá más células adiposas en las cuales almacenar ácido, si es necesario. Para darle la vuelta a este escenario, es importante alcalinizar el cuerpo. Las verduras de hoja verde son una de las mejores opciones que podemos seguir porque son muy alcalinas; y convertirlas en jugos nos proporciona una manera fácil de consumir muchas más de las que podríamos masticar en un día.

Para darle a su cuerpo un estupendo comienzo para reequilibrar su pH, haga que su dieta esté formada en un 60 al 80 por ciento por alimentos alcalinizantes como vegetales de hoja verde, jugos frescos, hierbas como jugo de pasto de trigo, vegetales y frutas frescas, semillas, frutos secos y brotes. Limite mucho o evite el consumo de alimentos que forman ácido, como carne, lácteos, chocolates, dulces, pan y otros productos con levadura, alcohol, bebidas carbonatadas, bebidas deportivas, café y té negro.

Cuando se consigue el equilibrio del pH, el cuerpo debería automáticamente llegar a su peso ideal y sano, a menos que usted tenga otros retos de salud (pero esos también deberían curarse con el paso del tiempo). A medida que el ambiente ácido es neutralizado con alimentos alcalinos ricos en minerales, no habrá necesidad de que su cuerpo cree nuevas células adiposas para el almacenamiento de ácido. Y ya que la grasa restante ya no es necesaria para almacenar restos de ácido, sencillamente se diluye.

Esta es también una manera estupenda de recuperar la salud. Muchas enfermedades como el cáncer se desarrollan en un estado ácido. Quitemos el ácido, y no les irá tan bien. Una dieta alcalina también aumenta el nivel de energía, mejora la piel, reduce alergias, sostiene el sistema inmune y mejora la claridad mental.

LOS ALIMENTOS TERMOGÉNICOS ACELERAN EL METABOLISMO

Termogénesis significa producción de calor, lo cual eleva el metabolismo y quema calorías. Alimentos termogénicos son esencialmente alimentos y especias que queman grasa y ayudan a aumentar el metabolismo. Esto significa que con algunos de los productos fundamentales de su cocina, puede quemar grasa durante o justamente después de comer, y aumentar su potencial para quemar grasa solamente por comerlos. Por tanto, incluya estos súper alimentos con frecuencia en sus jugos y recetas.

Chiles picantes. Imagine comer chiles picantes y aumentar su metabolismo lo suficiente para perder peso. Un estudio en el año 2010 descubrió que la obesidad estaba causada por una falta de respuesta termogénica en el cuerpo en lugar de por comer en exceso o falta de ejercicio. "Los animales desarrollaron obesidad principalmente porque no producían suficiente calor después de comer, no porque los animales comiesen más o fuesen menos activos", dijo el Dr. Yong Xu, instructor de medicina interna en UT Southwestern y coautor del estudio.[5] Otro estudio descubrió que los chiles picantes aumentan el calor interior, lo cual ayuda para quemar calorías.[6] Podemos añadir chiles picantes o un poco de salsa picante a muchas recetas de jugos o a casi cualquier plato, y hacer que sepa delicioso.

Ajo. Cuando se trata de pérdida de peso, el ajo parece ser un alimento milagro. Un equipo de doctores del hospital Tel Hashomer de Israel dirigió un ensayo en ratas para descubrir cómo el ajo puede prevenir la diabetes y los ataques al corazón, y descubrieron un interesante efecto secundario: ninguna de las ratas a las que se les dio alicina (un compuesto en el ajo) subió de peso.[7] El ajo es un conocido supresor del apetito. El fuerte aroma del ajo estimula el centro de saciedad en el cerebro, reduciendo así los sentimientos de hambre. También aumenta la sensibilidad del cerebro a la leptina, una hormona producida por células adiposas que controla el apetito. Además, el ajo estimula al sistema nervioso para liberar hormonas como la adrenalina, que acelera el ritmo metabólico. Esto significa una mayor capacidad para quemar calorías. Más calorías quemadas significa menor subida de peso: una correlación estupenda.

Jengibre. El jengibre contiene una sustancia que estimula las enzimas gástricas, lo cual puede impulsar el metabolismo. Cuanto mejor sea su metabolismo, más calorías quemará. Se ha demostrado que es antiinflamatorio; la inflamación está implicada en la obesidad. El jengibre ayuda a mejorar la movilidad gástrica: los movimientos peristálticos espontáneos del estómago que ayudan a mover el alimento por el sistema digestivo. Cuando el sistema digestivo está funcionando al máximo, experimentaremos menos hinchazón y estreñimiento. También se ha descubierto que disminuye el colesterol. Y el jengibre es la principal fuente vegana de zinc, el cual le da un gran impulso al sistema inmune. Añadamos a eso el hecho de que sabe delicioso en recetas de jugos, y tendremos una súper especia. Yo lo añado a casi todas las recetas de jugo que hago.

Perejil. Esta hierba verde ofrece una estupenda manera de hacer que sus platos y jugos sean súper saludables. El perejil le ayuda a desintoxicarse porque está lleno de antioxidantes, como vitamina C y flavonoides, y está cargado de minerales y clorofila. Es también un diurético natural, que ayuda a librarnos del agua retenida. Eso significa tobillos, pies y dedos más delgados. Y mejora la digestión y fortalece también el bazo. Puede añadir un puñado de perejil a casi cualquier receta de jugo y ni siquiera notará que está ahí.

Arándanos rojos. Los estudios demuestran que los arándanos rojos están cargados de ácidos que los investigadores creen que son útiles para disolver depósitos de grasa. Cuando se establecen en el cuerpo depósitos de grasa, es difícil librarse de ellos, de modo que es mejor atraparlos antes de que se queden "anclados". Algunos estudios señalan que las enzimas en los arándanos rojos pueden ayudar al metabolismo, lo cual da un impulso a la pérdida de peso.[8] Este ácido y pequeño fruto es un diurético natural, ayudándonos a librarnos del exceso de agua y la inflamación. De todos los frutos, los arándanos rojos se sitúan en el número dos en contenido de antioxidantes, lo cual ayuda a desintoxicar el cuerpo; y fomentan la salud de dientes y encías, luchan contra infecciones del tracto urinario, mejoran la salud del corazón y mantienen a raya al cáncer.

Kathy, que apareció en mi artículo "Holiday Fat Buster" en el número del 27 de diciembre de la revista *Woman's World*, perdió 5 libras (2,2 kg) en setenta y dos horas bebiendo un cóctel de arándanos, peras, pepinos y jengibre junto con el resto del programa de dieta Turbo Juice. En una semana, el estómago de Kathy disminuyó 5,5 pulgadas (14 cm); ella dijo que tenía que seguir midiéndose para asegurarse de que eso era correcto. Con respecto al programa de dieta de jugos, dijo: "En general, tuve mucha energía y no sentí hambre".[9]

Puede añadir arándanos rojos a muchas recetas para obtener un delicioso potenciador en sus jugos y un impulso a su pérdida de peso al mismo tiempo. Si compra esos arándanos rojos cuando están en su estación, puede congelar algunos paquetes para tenerlos a mano en las estaciones en las que no estén disponibles.

Arándanos. Un estudio en 2010 descubrió que los arándanos pueden ayudarnos a librarnos de grasa abdominal, gracias al elevado nivel de fitoquímicos (antioxidantes) que contienen. El estudio también mostró que los arándanos son útiles para prevenir la diabetes tipo 2, y los beneficios eran incluso mayores cuando los arándanos se combinaban con una dieta baja en grasas.[10] Además, los arándanos también pueden ayudar a batallar contra el endurecimiento de las arterias y mejorar la memoria.

Limones. Añadir tan sólo una cucharada de jugo de limón fresco al agua, la ensalada o la sopa ayudará a mantener a raya los antojos, alcalinizar el cuerpo y mantener controlados los niveles de insulina. Limonada caliente con un toque de pimienta de cayena es una manera estupenda de comenzar el día; hace que el hígado, el órgano que quema la grasa, se mueva en la mañana, y también es un diurético natural y ayuda a eliminar toxinas del cuerpo. Además, ayuda al proceso digestivo y previene el estreñimiento. También puede ayudar a aliviar el ardor de estómago; tan sólo añada una cucharada de jugo de limón fresco al agua y bébalo con la comida. Limonene, un compuesto de limones, ayuda a atajar la producción de ácido en el estómago, ya que los limones son muy alcalinizantes. Los limones Meyer, mis favoritos, son más dulces y están disponibles en invierno.

LOS BENEFICIOS DE BAJO GLUCÉMICO DE LOS JUGOS

El índice glucémico se ha convertido en una popular herramienta de pérdida de peso basándose en parte en el hecho de que los alimentos de alto glucémico elevan los niveles de azúcar en la sangre, causan que el cuerpo secrete exceso de insulina y conducen al almacenamiento de grasa. Originalmente desarrollado para ayudar a los diabéticos a manejar el control de azúcar en la sangre, el índice glucémico se ha vuelto popular en el mercado de la pérdida de peso en gran parte debido a que funciona muy bien. Investigadores reportaron en el *Journal of the American Medical Association* que pacientes que perdieron peso con una dieta de bajo glucémico mantuvieron la pérdida de peso durante más tiempo que los pacientes que perdieron la misma cantidad de peso con una dieta baja en grasas.[11]

La dieta de índice glucémico (IG) se refiere a un sistema de evaluar los carbohidratos según cuánto cierta cantidad de cada alimento eleva el nivel de azúcar en la sangre de la persona. Está determinado por medir cuánto eleva el nivel de azúcar en la sangre una ración de 50 gramos de carbohidratos comparados con un control.

Prácticamente todos los carbohidratos son digeridos y convertidos en glucosa y causan una elevación temporal en los niveles de glucosa en la sangre, denominado respuesta glucémica. Pero algunos alimentos lo elevan más que otros. Esta respuesta está influenciada por muchos factores, inclusive la cantidad de comida, la cantidad y tipo de carbohidratos, como está cocinado o si se ha comido crudo, y el grado de procesamiento. A cada alimento se le asigna un número de índice del 1 al 100, con 100 como la referencia que marca la pura glucosa. Por lo general, los alimentos son clasificados como alto (más de 70), moderado (56-59) y bajo (menos de 55).

Los alimentos de bajo glucémico, especialmente los carbohidratos crudos, pueden ayudar a controlar el azúcar en la sangre, el apetito y el peso. Aunque son útiles para todo el mundo, son especialmente útiles para las personas con diabetes tipo 2, prediabetes, hipoglucemia, resistencia a la insulina y síndrome metabólico. Los alimentos de bajo glucémico se absorben más lentamente, permitiendo que la persona se sienta satisfecha durante más tiempo y, por tanto, tenga menos probabilidad de comer en exceso. Expertos en alimentos crudos como el Dr. John Douglas han descubierto que los carbohidratos crudos, como los jugos crudos, son mejor tolerados que los carbohidratos cocinados. No causan los adictivos antojos que causan los alimentos cocinados Douglas cree, como también el experto finlandés A. I. Virtanen, que las enzimas en los alimentos crudos desempeñan un importante papel en el modo en que estimulan la pérdida de peso al igual que lo hacen en el tratamiento de la obesidad.[12]

Cuando lleguemos al capítulo 6, "Después del fin de semana", será usted alentado a escoger la mayoría de sus alimentos con carbohidratos de la lista de bajo glucémico, y un alto porcentaje de esos alimentos crudos. Los alimentos que yo recomiendo comer después de haber completado su dieta de pérdida de peso de fin de semana (véase Apéndice B) son en su mayor parte de bajo glucémico y ricos en nutrientes, no refinados y altos en fibra, como verduras completas, frutas y legumbres (frijoles, lentejas, chícharos).

NO TODOS LOS CARBOHIDRATOS SON CREADOS IGUALES

Diferentes carbohidratos toman diferentes caminos en el cuerpo después de la digestión. Por ejemplo, algunos alimentos con alto contenido en almidón están enlazados por una capa exterior de almidones muy complejos (fibra), como las legumbres (frijoles, lentejas, chícharos), lo cual aumenta el tiempo necesario para que sean digeridos. Por tanto, incluso aunque las legumbres son relativamente altas en carbohidratos, tienen una respuesta de bajo glucémico debido a su complejo recubrimiento.

También hay que considerar el potencial antioxidante de los alimentos, refiriéndome a la cantidad de nutrientes antioxidantes que contiene un alimento, como betacaroteno y vitamina C que abundan en muchas frutas y verduras. En la cultura china, las zanahorias se usan con frecuencia como medicina refrescante. Es especialmente importante incluir en nuestra dieta zanahorias, remolachas (ambas muy ricas en betacaroteno) y otras verduras de brillantes colores, para prevenir enfermedades. En estos días, muchos profesionales de la salud sugieren que eliminemos zanahorias y remolachas debido a su clasificación glucémica, pero la dieta para perder peso de fin de semana no las excluye debido a su alto contenido en nutriente y fibra. Pero sí recomiendo que se utilicen en pequeñas cantidades debido a que son altas en azúcar.

También, por favor tengamos en mente que no todos los alimentos de bajo glucémico son sanos. Alimentos de bajo glucémico incluyen barritas de caramelo y papas fritas. Estos alimentos están muy despojados de nutrientes, contienen azúcar o se convierten en azúcar fácilmente, y carecen de fibra. Necesitamos obtener la mejor nutrición de los alimentos que escogemos.

Con este plan, tampoco hay que obsesionarse por el índice glucémico, sino tener tan sólo una básica comprensión de los principios. Debemos tener en mente que ciertos factores pueden cambiar una puntuación; cuanto más madurez de la fruta, más alto es el índice glucémico. Pero escojamos siempre frutas y verduras maduras antes que poco maduras; son más sanas, con mucha diferencia. Añadir grasa buena a los alimentos puede disminuir la puntuación IG. Y debemos tener en mente que la respuesta de IG a cualquier alimento dado también varía mucho de persona a persona. Incluso puede variar en la misma persona de un día a otro. Por tanto, es importante escuchar a su cuerpo y determinar cómo le afectan los alimentos que está comiendo.

ALGO MÁS QUE PÉRDIDA DE PESO

Hace años, cuando estaba tomando los cursos prerrequisitos para mi programa de maestría en ciencias de la nutrición integral en la Universidad Bastyr, trabajé a media jornada para un centro de pérdida de peso como consejera de nutrición. Observé que varias personas que comenzaban en el programa se veían sanas, significando que tenían un buen color de piel y también tono y brillantez; tan sólo tenían sobrepeso. Poco después en el programa observé que aunque estaban perdiendo peso, no se veían más sanas. Noté una pérdida de tono en la piel, el color de su piel se volvía un poco grisáceo, y sufrían pérdida de energía y vitalidad. Yo estaba alarmada. Incluso como estudiante sabía que no se trataba solamente de perder peso; se trataba de estar más sano. Dejé ese empleo, incapaz de promover algo que yo sentía que hacía daño.

Cuando nos embarcamos en un programa para perder peso,

debería tratarse de estar más sanos a la vez que perdemos peso. Ya sea que queramos perder 10, 20, 50, 100, o incluso 200 libras (desde 4 hasta 90 kg), no se trata solamente de librarnos de todo el peso que podamos. Conozco a personas que han perdido peso utilizando medios drásticos y han arruinado su salud en el proceso.

Perder peso con jugos vegetales y arrancar su programa con la dieta para perder peso de fin de semana es el primer paso a la hora de escoger un régimen de pérdida de peso que no sacrifique su salud. Por eso estoy emocionada al presentarle la dieta para perder peso de fin de semana. Sé lo que puede hacer por usted. Muchas personas han elogiado este programa y mis otras dietas con jugos debido a la mayor salud y energía que experimentaron. Y si ellos pueden experimentar esos estupendos resultados, también puede hacerlo usted. ¡Va a tener un estupendo comienzo y toda una vida de salud!

Capítulo 2

Los diez principales
obstáculos para perder peso

S I HA INTENTADO perder peso y sencillamente parece que no puede conseguir que la báscula lo muestre a pesar de sus mejores esfuerzos, o si ha llegado a estancarse en la pérdida de peso, puede que necesite una intervención específica que llegue hasta la raíz del porqué no está perdiendo el peso que usted quiere. La buena noticia es que cuando corrija el problema, estará más sano, y la pérdida de peso puede terminar siendo un beneficio secundario comparado con todos los demás beneficios.

Existen numerosas razones por las cuales las personas no pueden perder peso que van más allá de sencillamente comer demasiadas calorías y no hacer ejercicio suficiente. ¿Es usted una de esas personas que comen muy poco comparada con otras personas en su vida, y aún así el peso se queda a su lado como si fuese una goma de mascar en su zapato? Si respondió sí, este capítulo es para usted. Puede ayudarle a identificar lo que quizá esté sucediendo en su cuerpo que evita que disfrute del éxito a la hora de perder peso que muchas personas han experimentado al seguir la dieta para perder peso de fin de semana.

Este capítulo podría parecer un poco desalentador después de haberle animado en el capítulo 1. Pero lo cierto es que aunque la dieta para perder peso de fin de semana funciona para la mayoría de personas como un arranque hacia sus metas a largo plazo de pérdida de peso, hay individuos que tienen ciertos problemas de salud o de estilo de vida que hacen que les resulte muy difícil perder peso. Si es usted una de esas personas, a menos que se aborde el desafío subyacente podría pasarse toda la vida buscando perder peso pero sin conseguirlo. Con frecuencia, cuando se corrigen los problemas que causan tanto una mala salud como subida de peso, el peso sencillamente se va eliminando de modo natural. A medida que sanemos nuestro cuerpo, equilibremos nuestras hormonas, desintoxiquemos nuestros órganos de evacuación, identifiquemos y eliminemos alimentos que nos hacen subir kilos, y abordemos creativamente el comer por emociones, podremos lograr y mantener un peso sano durante toda la vida.

El difunto Dr. Robert C. Atkins dijo que aproximadamente el 20 por ciento de las personas que siguen la dieta Atkins no perdían peso debido a un sobrecrecimiento de levadura conocido como *Candida albicans*.[1] La candidiasis, que es como se le denomina, es una de las enfermedades de las que trata este capítulo, junto con el síndrome metabólico, el síndrome de fatiga crónica, fibromialgia, tiroides lento, trastornos del sueño, trastornos digestivos (incluyendo el síndrome de colon irritable, el síndrome del intestino permeable, enfermedad de Crohn y colitis), sensibilidades alimentarias y estrés. Le aliento a que lea todo este capítulo aunque piense que nada de eso se aplica a usted. Puede que se sorprenda de lo que puede aprender acerca de su propio cuerpo.

1. Síndrome metabólico

Aunque Gerald Reaven, médico y profesor emérito de la facultad de medicina de Stanford, identificó por primera vez el síndrome metabólico en 1998, su principal componente de obesidad no fue inicialmente subrayado como lo es hoy día. El síndrome metabólico es una combinación de obesidad, hipercolesterolemia e hipertensión unido a una subyacente resistencia a la insulina. Cualquier grupo de tres de las siguientes características en un individuo significa el síndrome metabólico:

+ Obesidad abdominal: una circunferencia de cintura por encima de 102 cm (40 pulgadas) en hombres y más de 88 cm (35 pulgadas) en mujeres
+ Altos niveles séricos de triglicéridos: 150 mg/dl o superior
+ Bajo colesterol HDL: 40 mg/dl o inferior en hombres y 50 mg/dl o inferior en mujeres
+ Elevada presión arterial: 130/85 o superior
+ Elevado azúcar en la sangre: glucosa en la sangre en ayunas de 110 mg/dl o superior (algunos grupos dicen 100 mg/dl)

El síndrome metabólico está también relacionado con exceso de secreción de insulina. Una excesiva indigesta de azúcar y de productos de harina refinada, falta de ejercicio y tendencias genéticas contribuyen a la resistencia a la insulina y a las otras características que conducen al síndrome metabólico. La insulina indica a las células que absorban glucosa del flujo sanguíneo. El cuerpo monitorea los alimentos que hemos digerido, nuestros niveles de azúcar en la sangre y las demandas de nuestras células; entonces debería liberar insulina en las cantidades correctas para nuestras necesidades. Un cuerpo sano es sensible a la insulina, no resistente a ella.

Hoy día, la mayoría de las calorías en una dieta estadounidense promedio provienen de los carbohidratos, siendo muchos de ellos carbohidratos simples, azúcares en forma de dulces y harina refinada, que entran rápidamente en el flujo sanguíneo. El cuerpo tiene que liberar elevados niveles de insulina para evitar que el nivel de glucosa en el flujo sanguíneo se vea descontrolado. Permitir que el azúcar en la sangre llegue a estar demasiado elevado sencillamente no es aceptable. El resultante exceso de insulina en el flujo sanguíneo se denomina hiperinsulinemia. El cuerpo no fue diseñado para elevados y prolongados niveles de insulina; interrumpe el metabolismo celular y extiende la inflamación. A lo largo del tiempo, las células dejan de responder a esta señal, y el cuerpo se vuelve resistente a la insulina. Es como llamar a la puerta de una persona hasta el punto de molestar; nadie responde.

La resistencia a la insulina causa aumento de peso porque interrumpe el metabolismo de la grasa. Cuando las células no absorben la glucosa extra que circula en el flujo sanguíneo, el hígado la convierte en grasa. ¿Y sabe qué? Las células adiposas normales están cargadas de receptores de glucosa que son sensibles a las señales de la insulina. Por tanto, mientras que las células adiposas están llenas de glucosa, las otras células realmente "tienen hambre" de glucosa. Tal persona se siente cansada muchas veces y tiende a comer más alimentos ricos en carbohidratos intentando aumentar la energía, lo cual hace que su situación sea incluso peor. Se vuelve un ciclo frustrante.

Los cambios en el estilo de vida que revierten este síndrome comienzan con una dieta de bajo glucémico evitando *todo* el azúcar. La dieta para perder peso de fin de semana es una manera ideal de comenzar un plan de comidas así. En esta dieta de dos días, el énfasis está en los jugos vegetales. Deberíamos eliminar el azúcar e incluso reducir la fruta; exprimir solamente fruta baja en azúcar, como una manzana verde o bayas, y limón y lima. Los edulcorantes, independientemente de cómo los llamemos, siguen siendo azúcares. Edulcorantes más naturales como la miel, el sirope de agave y el sirope puro de maple, son un poco mejor que los azúcares refinados, con respecto a que tienen algunos nutrientes que no están blanqueados y refinados; sin embargo, siguen siendo azúcar. (Si endulza usted con miel, prefiero que use miel silvestre, razón por la cual la encontrará en algunas de mis recetas que puede usted probar cuando termine la dieta para perder peso de fin de semana). Además, debería evitar la cafeína y el tabaco. Incluya muchas grasas sanas, especialmente las grasas omega-3, y evite las grasas animales. Limite su ingesta de sal, usando solamente sal marina Celtic, y asegúrese de hacer ejercicio durante su programa de fin de semana y después al menos tres o cuatro veces por semana. Todo esto debería ayudar a sus células a responder más a la insulina y frenar la sobreproducción de insulina. Debería producirse una pérdida de peso sin mucho esfuerzo; pero la mejor noticia es que su salud mejorará inmensamente.

2. Hipotiroidismo

Las personas con una tiroides poco activa tienden a tener un ritmo metabólico basal muy bajo. Uno de los síntomas más notables de ello es subida de peso y dificultad para perder peso. A veces, una tiroides excesivamente activa puede imitar a otra poco activa causando subida de peso, pero esto es menos común. Para las personas con tiroides lenta que están haciendo dieta, su metabolismo sigue descendiendo a medida que se reducen las calorías. Por eso algunas personas con tiroides lenta pueden subir de peso incluso cuando han restringido severamente su ingesta de calorías.

Más mujeres que hombres sufren de una tiroides lenta, o hipotiroidismo, y muchas más mujeres que hombres con problemas de tiroides tienen problemas con subir de peso. La mayoría de problemas de tiroides se producen dentro de la glándula misma, pero con frecuencia no se descubren hasta que se desarrollan otros desequilibrios hormonales. Con frecuencia, los problemas de tiroides, la menopausia y la subida de peso aparecen en conjunto.

Los problemas de tiroides se desarrollan en las mujeres más que en los hombres porque:

- ◆ Con frecuencia, las mujeres pasan gran parte de sus vidas haciendo dieta, por lo general en un patrón yo-yó de exceso de comer y un ayuno estricto. Esto hace mella en el metabolismo y disminuye el ritmo metabólico, factores que influyen en la tiroides, especialmente durante la perimenopausia.

- ◆ Las mujeres más que los hombres tienden a interiorizar el estrés, lo cual afecta a las glándulas renales y tiroides. Unas glándulas renales demasiado activas producen exceso de cortisol, que interfiere en las hormonas tiroides y deposita grasa alrededor de la sección del tronco. Además, la fatiga causada por unas glándulas renales demasiado estresadas aumenta los antojos de dulces y carbohidratos refinados para proporcionar energía rápida y hormonas de la felicidad.

+ El cuerpo de la mujer requiere un delicado equilibrio de hormonas como estrógenos y progesterona, las cuales pueden verse afectadas cuando el cuerpo está estresado, cuando es ligeramente ácido o cuando no está recibiendo suficiente apoyo nutricional. Esto da como resultado desequilibrios hormonales, que actúan como un desencadenante de problemas de tiroides.

Hay cierto número de síntomas que pueden experimentarse cuando se tiene una tiroides poco activa, como fatiga, depresión, subida de peso, manos y pies fríos, baja temperatura corporal, sensibilidad al frío, un sentimiento de tener siempre frío, dolor en las articulaciones, dolores de cabeza, trastornos menstruales, insomnio, sequedad en la piel, ojos hinchados, pérdida de cabello, uñas quebradizas, estreñimiento, lentitud mental, infecciones frecuentes, voz ronca, zumbidos de oídos, mareos y bajo impulso sexual. Si sospecha que pudiera tener tiroides lenta, debería hacerse un examen. Sin embargo, sea consciente de que puede que no tenga hipotiroidismo, y aun así puede que tenga una glándula tiroides lenta. (Puede realizar la prueba Thyroid Health Quiz en mi libro *The Coconut Diet*. Tengo amplia información sobre la salud de la tiroides en el capítulo 4 de ese libro y más de setenta deliciosas recetas utilizando aceite de coco).

Alimente su tiroides

A fin de ajustar su metabolismo, necesita alimentar su glándula tiroides y trabajar en su salud en general. Lo siguiente es lo que puede hacer.

- Consuma muchos alimentos ricos en yodo, incluyendo pescados, mariscos, algas, huevos, arándanos rojos, espinacas y pimientos verdes.

- Utilice sal marina Celtic; evite el cloruro sódico yodado (sal de mesa). La sal marina contiene de modo natural yodo con un complemento completo de minerales que actúan juntos.

- Tome un buen suplemento de vitaminas y minerales. Véase el apéndice A para obtener recomendaciones al respecto.

- Evite o limite los goistrógenos, que obstaculizan la absorción de yodo por la glándula tiroides. Los alimentos que más se comen de este tipo son la soja y los cacahuates. Esté atento al aceite de semilla de soja en salsas para ensaladas y aperitivos; también a la proteína vegetal texturizada, que es soja. Se utiliza como relleno en muchos aperitivos y barritas energéticas. Utilice leche de almendra, avena o arroz en lugar de leche de soja. Y evite el helado de soja, el queso de soja y la proteína de soja en polvo.

- Evite el fluoruro. El fluoruro impedirá la absorción del yodo. El fluoruro se añade en el tratamiento de aguas en todo Estados Unidos. A menos que usted tenga un sistema de purificación de agua especial que quite el fluoruro, lo estará bebiendo. Se añade a la pasta de dientes, de modo que necesitará comprar pasta de dientes sin fluoruro. Y evite que le traten los dientes con fluoruro en el dentista.

- Utilice aceite de coco virgen en la preparación de alimentos. Los aceites poliinsaturados como el de soja, maíz, cártamo y girasol son dañinos para la glándula tiroides porque se oxidan rápidamente y se vuelven rancios. Se produce el efecto contrario con el aceite de coco virgen; no se oxida ni se vuelve rancio fácilmente. Para más información, consulte el apéndice A.

3. Trastornos del sueño

¿Ha notado que cuando no duerme lo suficiente le entra hambre? ¿Podrían esas noches de acostarse tarde por estar ante la computadora, ver la televisión o darse vueltas y vueltas en la cama, estar alterando su metabolismo?

Estudios han demostrado que las personas que se privan de

sueño comen más y con frecuencia escogen la comida que más grasa tiene. El Dr. Robert Stickgold, profesor asociado de psiquiatría y neurocientífico especializado en investigación del sueño en Harvard, dijo: "Al estar despierto a las 2:00 de la madrugada, trabajando en un examen, no resulta muy atractivo un filete o un plato de pasta. En cambio agarraremos la barrita de caramelo. Probablemente tiene que ver con que se estropea la regulación de glucosa. Podría ser que una buena parte de nuestra epidemia de obesidad sea en realidad una epidemia de privación de sueño".[2]

En los últimos cuarenta años, la tasa de obesidad en Estados Unidos casi se ha triplicado a uno de cada tres adultos. Pero consideremos lo siguiente: en el mismo periodo, la población de Estados Unidos ha eliminado, en promedio, más de una hora de su sueño nocturno y unas dos horas desde 1910, cuando la persona promedio dormía 9 horas en la noche. Según la Fundación Nacional del Sueño, las personas en Estados Unidos por lo general duermen unas 6,8 horas las noches entre semana (son unas 2 horas menos que hace un siglo), y 7,4 horas los fines de semana.[3]

En un estudio sobre hábitos de sueño a 3.682 individuos, dirigido por la Universidad de Columbia, quienes dormían menos de cuatro horas por la noche tenían un 73 por ciento más de probabilidad de ser obesos que quienes dormían de 7 a 9 horas cada noche. Los individuos que dormían seis horas en la noche tenían un 23 por ciento más de probabilidad de ser obesos. Otros estudios han reportado que dormir 6,3 o menos horas durante noches sucesivas puede causar potencialmente dañinos cambios metabólicos, hormonales e inmunes que pueden conducir a males y enfermedades como cáncer, diabetes, obesidad y enfermedades del corazón.[4]

Cómo afecta el sueño a las hormonas del hambre

Hay hormonas que nos hacen tener hambre y hormonas que controlan el apetito. Y la investigación muestra que son influenciadas significativamente por la cantidad de horas que dormimos. Los estudios han revelado lo siguiente:

- Cinco hormonas que influencian el apetito pueden descontrolarse cuando no dormimos lo suficiente, lo cual afecta significativamente a cuánto comemos.[5]
- Cuando estamos privados de sueño, nuestro metabolismo puede sufrir realmente, lo cual causa subida de peso.[6]
- Las hormonas que suprimen el apetito y las que lo estimulan son mejor reguladas cuando dormimos de siete a nueve horas cada noche.[7]
- No tendremos tantos antojos de alimentos altos en calorías y ricos en carbohidratos cuando dormimos adecuadas horas de sueño.[8]
- Suficientes horas de sueño ayudarán a manejar el azúcar en la sangre de modo más efectivo, lo cual ayuda a manejar el apetito. Incluso una semana con falta de sueño puede desencadenar un efecto diabético temporal, causando que tengamos antojos de azúcar y otros alimentos que engordan.[9]

Nunca más se sienta culpable por dormir. Pero ¿y si quiere dormir y no puede? Hay mucho que puede hacer para corregir los trastornos del sueño. Consiga un ejemplar de mi libro *Sleep Away the Pounds*, donde encontrará decenas de remedios para ayudarle a corregir multitud de problemas del sueño.

También puede consultar el programa de aminoácidos que descubrí hace varios años cuando yo no podía dormir (véase el Apéndice A). En realidad estaba trabajando en mi libro sobre el sueño y la pérdida de peso cuando desarrollé un insomnio horrible. Me hicieron un análisis de orina, el cual mostró que algunos de mis principales neurotransmisores cerebrales estaban realmente descontrolados; es decir, serotonina, dopamina, epinefrina y norepinefrina. Descubrí que cuando se desequilibran tanto, es muy difícil volver a equilibrarlos solamente con dieta. Los aminoácidos correctos y específicos para mis necesidades concretas funcionaron sorprendentemente rápido. En unas tres semanas volvía a dormir profundamente.

El programa de aminoácidos puede ayudarle a dormir

Los aminoácidos pueden ayudar a equilibrar los neurotransmisores que influencian el sueño. Los neurotransmisores son las sustancias químicas naturales producidas en el cuerpo de las proteínas que consumimos. Facilitan la comunicación por todo el cuerpo y el cerebro. Dos neurotransmisores desempeñan un importante papel en un buen ciclo del sueño: serotonina y norepinefrina. Necesitamos suficiente serotonina para convertirla totalmente en melatonina, al igual que suficiente norepinefrina.

Cuando nos despertamos en la mañana, nuestros neurotransmisores excitativos o estimulantes, como la norepinefrina, deberían ser altos. Los neurotransmisores excitativos necesitan ir disminuyendo durante todo el día para que pueda producirse un buen ciclo de sueño en la noche. Si la serotonina es demasiado baja o la norepinefrina es demasiado alta (o demasiado baja), tendremos insomnio. Cuando están equilibradas, deberíamos dormir bien en la noche, lo cual significa de ocho a nueve horas de sueño profundo y reparador para la mayoría de personas.

La serotonina es producida del aminoácido L-triptofano, que es descompuesto en 5-hidroxitriptofano (5-HTP) para la creación de serotonina. El cuerpo con frecuencia necesita cantidades mayores de este aminoácido que las que obtenemos de los alimentos. Además, otros factores conjuntos como las vitaminas B y las enzimas deben estar presentes para que esto ocurra. Ya que el L-triptofano se descompone en 5-HTP en un porcentaje muy bajo, con frecuencia el 5-HTP se toma como suplemento. Las dosis deberían estar basadas en los análisis, sin embargo. Las vitaminas B están entre los nutrientes necesarios para la creación y el transporte de L-triptofano y la conversión de 5-HTP en serotonina. También deberían tomarse como parte de un plan completo de bienestar cerebral. El consumo de ácidos grasos omega-3 y proteínas variadas es imperativo. Podemos beneficiarnos mucho de un programa con suplementos de aminoácidos diseñado para las necesidades concretas de nuestro cuerpo. (Véase el Apéndice A para más información).

También, debemos saber que si el hígado está congestionado, puede que nos resulte difícil dormir. He observado asombrosas mejoras en mi calidad del sueño después de haber realizado una limpieza de hígado. Cobre aliento si el sueño ha sido un problema para usted. Si puede llegar hasta la raíz del problema, puede corregir un trastorno del sueño realizando los cambios necesarios.

Dormir algunos minutos extra tiene sus ventajas. La investigación demuestra que si aumentamos el tiempo de sueño solamente en treinta minutos cada noche, las probabilidades de perder peso aumentan de modo exponencial.[10]

Parece que tener un buen sueño reparador de manera regular, y suficientes horas para satisfacer las necesidades de nuestro cuerpo, podría ser mucho mejor para nuestras metas de pérdida de peso que las píldoras dietéticas, y también igual de importante que hacer ejercicio o comer bien.

4. Candidiasis

La *candida albicans* es por lo general levadura benigna (u hongos) que de modo natural habita en el tracto digestivo. Ha de vivir en una relación armoniosa con la flora intestinal beneficiosa. En personas sanas, no presenta ningún problema porque las bacterias buenas del intestino las mantienen a raya.

Pero cuando las bacterias buenas son destruidas por el uso de antibióticos o de otros medicamentos, se desarrollan las levaduras. Combinemos eso con muchos de nuestros hábitos de estilo de vida del siglo XXI, como una dieta rica en azúcar, carbohidratos refinados, alcohol, anticonceptivos y estrés, y se crea el ambiente perfecto que fomenta el crecimiento de levadura que está fuera de control.

La candidiasis puede causar diversos síntomas, como antojos de azúcar, pan o alcohol; subida de peso; fatiga; vaginitis; disfunción del sistema inmune; depresión; trastornos digestivos; frecuentes infecciones del oído y seno; picores intensos; sensibilidades químicas;

heridas ulcerosas; y tiña. Algunas personas dicen que se sienten "enfermas en todo". Si cree usted que puede tener sobreproducción de levadura, puede hacer la prueba Candida Quiz en mi libro *The Coconut Diet.*

Conquista de la levadura: una clave para perder peso con éxito

Centrarse en eliminar la levadura del cuerpo le recompensa con un sentimiento de bienestar y una pérdida de peso firme, sostenible y saludable. Si se permite que la levadura continúe su crecimiento, puede mutar y convertirse en hongos que pueden extenderse por todo el cuerpo. A menos que se les detenga, los hongos no se detendrán; pueden destruir por completo su salud. En el peor de los casos, quien lo sufre puede llegar a estar en cama porque los hongos *C. albicans* pueden quitar a un cuerpo sano toda su energía cargándolo de toxinas (micotoxinas).

Los estadounidenses han aceptado la dieta baja en carbohidratos por su capacidad de reducir el tamaño de su cintura cuando otras dietas han fracasado. Pero un beneficio igualmente importante de una dieta baja en carbohidratos es que priva a la levadura de su alimento primordial: azúcares. Una persona con *C. albicans* sistémico con frecuencia tendrá antojos de azúcares y carbohidratos simples porque esta es la principal fuente de nutrientes para la levadura. Cambios de humor, SPM y depresión están relacionados con el rápido cambio de los niveles de azúcar en la sangre causado por estos hongos. Las personas se quejan de gases e inflamación que causan los hongos al fermentar alimentos en los intestinos. Esto libera gases de modo natural, al igual que lo hacen el champán y la cerveza. Las levaduras también producen alcohol vía fermentación, el cual es absorbido por el intestino y puede causar síntomas de dificultad cognitiva, conducta alterada y dificultad de concentración.

La clorofila desactiva los hongos sistémicos

Los hongos y las levaduras (todos los hongos) son organismos unicelulares o multicelulares que pueden hacernos subir de peso. Las células de la levadura por millones pueden colonizar el tracto digestivo. Quienes han acumulado niveles más elevados de lo normal normalmente desearán carbohidratos: dulces, alcohol y almidones como pan, patatas, arroz blanco, galletas saladas, rosquillas, pasta y pizza porque las levaduras demandan ser alimentadas. Y esos deseos son con frecuencia incontrolables. Comer estas cosas conduce a inflamación y subida de peso. La persona también puede perder fuerza muscular. Si continúa alimentando los hongos al comer carbohidratos simples y almidones, toda la situación se convierte en un frustrante ciclo perdedor, ya que la fuerza de los hongos aumenta. Se produce más grasa, y empeoran muchos problemas de salud.

La *C. albicans* produce un gran número de sustancias biológicamente activas llamadas micotoxinas, las cuales son productos de desecho muy ácidos. Estas toxinas son secretadas para servir a los hongos al protegerlos contra virus, bacterias y parásitos. Pueden entrar en la corriente sanguínea y producir multitud de síntomas del sistema nervioso central como fatiga, confusión, irritabilidad, dificultad cognitiva, pérdida de memoria, depresión, mareos, cambios de humor, dolores de cabeza, náuseas, entumecimiento e hipoglucemia. Y estas toxinas pueden producir enfermedad crónica, frecuentemente descrita como "sentirse enfermo en todo el cuerpo".

El cuerpo tiene dificultad para limpiar las esporas de hongos de las membranas mucosas por todo el cuerpo y controlar su exceso de crecimiento sistémicamente. Una de las acciones de las mucosas es recoger y absorber microbios dañinos como los hongos tóxicos. Un exceso de crecimiento puede contribuir a enfermedades como sinusitis y congestión. Bajo condiciones normales, estos organismos pueden ser controlados, pero cuando la cantidad que entra o se reproduce sobrepasa los sistemas de control del cuerpo, las acumulaciones crean problemas.

La investigación en la Universidad Estatal de Oregón ha demostrado que la clorofila se enlaza con las micotoxinas, evitando así que entren en el flujo sanguíneo.[11] Esto hace que las hermosas recetas de jugos verdes en el capítulo 7 sean potencialmente transformadoras hasta para 80 millones de estadounidenses (el 70 por ciento de ellos mujeres) que sufren un sobrecrecimiento de *C. albicans*.[12]

Los jugos verdes y los sabrosos batidos verdes pueden marcar una gran diferencia para usted si sufre de síntomas como fatiga crónica, sinusitis persistente, alergias, antojos de carbohidratos e infecciones vaginales relacionadas con el sobrecrecimiento de levadura. A los hongos no les gusta un ambiente rico en clorofila, que es un compuesto que se encuentra en las plantas y es esencial para la fotosíntesis, dando a las plantas su color. Alimentos ricos en clorofila hacen que la tarea de los hongos sea mucho más difícil. Es muy alcalina y neutraliza la acidez producida por las micotoxinas. También las enlaza, deteniendo el ciclo destructivo de los hongos. Por tanto, ¡sírvase un vaso grande de jugo verde y deje noqueados a los hongos!

Probióticos: los héroes de la pérdida de peso

La composición de la microflora, las bacterias en el tracto digestivo, podría ayudar a determinar cuántas calorías son absorbidas de los alimentos. La investigación reciente sugiere que estas bacterias buenas pueden aumentar el metabolismo y la pérdida de peso. La revista *Nature* reportaba que las personas con sobrepeso tienen microorganismos en el intestino diferentes a los de las personas delgadas, sugiriendo que la obesidad puede que tenga un aspecto microbial. Según el informe, cuando una persona obesa pierde peso, su población microbial vuelve a la que tiene una persona delgada.[13]

Científicos japoneses también descubrieron que los probióticos fomentaban la pérdida de peso. Reclutaron a ochenta y siete personas con sobrepeso a quienes dieron 200 g de leche fermentada cada día durante doce semanas. Los participantes fueron divididos al azar en dos grupos: aquellos cuya leche fermentada contenía *Lactobacillus gasseri* (un probiótico), y aquellos cuya leche fermentada no lo tenía. Se observaron significativos descensos en el peso corporal, IMC, circunferencia de cintura y caderas en el grupo del Lactobacillus pero no en el grupo de control.[14]

Los probióticos son suplementos dietéticos o alimentos que contienen el tipo de bacterias buenas que se encuentran de modo natural en el cuerpo. Según la nutrióloga Katherine Zeratsky de la Clínica Mayo: "Estos microorganismos puede que ayuden con la digestión y ofrezcan protección de las bacterias dañinas, al igual que hacen las existentes bacterias 'buenas' en el cuerpo".[15]

La mayoría de personas piensan en yogur cuando consideran alimentos ricos en probióticos. Pero los vegetales crudos, el jugo vegetal fresco y los alimentos fermentados como el miso y el chucrut añaden muchas bacterias buenas y "vivas" al tracto intestinal. Tenga en mente que el cocinado las mata. Esta es otra razón por la cual las personas que hacen una dieta de alimentos vivos con frecuencia pierden peso.

Dos súper alimentos que matan levadura

Hay varios alimentos que ayudarán a descender los niveles de levadura y le situarán en el camino para controlarlos. Incluya abundancia de los siguientes alimentos:

1. *Ajo crudo*. Dos acciones antihongos del ajo crudo (cocinado no funciona) se han identificado mediante estudios en la Universidad Putra en Malasia: detiene la formación de *hifa*, que son largos filamentos que conforman la estructura de los hongos y le permiten extenderse, y hace que las células de los hongos mueran prematuramente.[16] Necesitamos comer al menos un diente de ajo crudo cada día, o incluirlo en el jugo de una de las recetas en el capítulo 7.

2. *Aceite de coco virgen orgánico.* Un estudio en 2007 en el Departamento de Microbiología Médica y Parasitología en el Hospital Universitario en Nigeria demostró la eficacia del aceite de coco virgen como agente antihongos que mataba la *C. albicans*. Los investigadores concluyeron que el aceite de coco destruía el 100 por ciento de las células del hongo al contacto. Concretamente, el mérito se lo llevan los ácidos láurico, caprílico y cáprico en el aceite de coco que funcionaban en sinergia para abrir la capa exterior protectora de las células de la levadura. La dosis utilizada fue de 3 cucharadas al día.[17] El aceite de coco puede sustituirse en lugar de otras grasas alimentarias, como la mantequilla o los aceites.

Numerosos estudios de investigación en animales y humanos han confirmado que sustituir ácidos grasos de cadena larga, que se encuentran en aceites poliinsaturados como de maíz, cártamo, girasol y soja, por ácidos grasos de cadena media, que se encuentran en el aceite de coco, da como resultado un menor peso corporal y también depósitos de grasa reducidos. Esto se debe a que los ácidos de cadena media son fácilmente digeribles y convertidos en energía, y estimulan el metabolismo. Varios estudios también han mostrado que los ácidos de cadena media pueden mejorar el rendimiento atlético.[18]

Otro beneficio del aceite de coco es que impulsa la glándula tiroides, ayuda al sistema inmune del cuerpo a funcionar mejor, y ayuda en la pérdida de peso.[19]

5. Trastornos digestivos

La función principal del sistema digestivo es descomponer y absorber nutrientes. Cuando su sistema gastrointestinal no está funcionando bien, nutrientes esenciales que son necesarios para mantener un peso adecuado y una buena salud puede que no sean absorbidos adecuadamente de los alimentos que comemos, incluso si estamos siguiendo una dieta sana. Esto puede conducir a deficiencias de nutrientes, antojos, comer en exceso, subida de peso y mala salud.

Cuando seguimos una dieta con alimentos completos e integrales y evitamos el azúcar y otros carbohidratos refinados, no deberíamos subir de peso. Sin embargo, muchas personas que han cambiado a una dieta sana e incluso han limitado mucho su ingesta de carbohidratos siguen teniendo problemas para perder peso. Puede que usted sea una de las personas que sufren de mala digestión y experimenta síntomas como gases, eructación, estreñimiento, o un trastorno digestivo que evita que descomponga adecuadamente la comida y la utilice. Puede tener la mejor nutrición de la tierra, y se irá como desecho a menos que sea usted capaz de digerirla bien.

Cuando el cuerpo sufre un trastorno digestivo, se vuelve difícil digerir las grasas. Por tanto, aunque es importante eliminar de nuestra dieta las grasas poco sanas y cambiar a grasas saludables como aceite de pescado, aceite de coco virgen y aceite de oliva virgen extra, también necesitamos asegurarnos de que nuestro sistema digestivo pueda digerir adecuadamente las grasas que comemos. Quienes tienen un páncreas que no funciona bien sufren grandes dificultades para digerir las grasas. El páncreas produce enzimas que se necesitan para descomponer y absorber la comida. Por ejemplo, la lipasa, junto con la bilis, funciona en la descomposición de las grasas. La mala absorción de las grasas y de vitaminas solubles en grasa se produce cuando hay una deficiencia de lipasa.

El sistema digestivo está interrelacionado, y un aspecto del sistema que funcione mal, por lo general afecta a todos los demás. Por ejemplo, el hígado produce bilis, que es importante en la absorción de grasas, aceites y vitaminas solubles en grasa. Cuando la función del hígado está disminuida y no se produce suficiente bilis, las heces pueden volverse bastante duras y difíciles de evacuar. Esto afecta a la salud del colon y aumenta la absorción de toxinas de las heces otra vez en el sistema. También, la bilis sirve para evitar que el intestino delgado esté libre de microorganismos como la *Candida albicans*, que examinamos anteriormente.

Entre otros trastornos digestivos se incluyen: indigestión, síndrome de colon irritable (SCI), gastritis, enfermedad diverticular, disbiosis (flora bacteriana alterada) y estreñimiento. Otros trastornos digestivos más graves se conocen como enfermedad del intestino inflamado (EII), e incluyen la enfermedad de Crohn y la colitis ulcerativa, caracterizada por una reacción inflamatoria por todo el intestino. Quienes sufren EII normalmente experimentan periodos de diarrea, calambres y pérdida de peso.

Sencillos pasos para mejorar la digestión

Le hayan o no diagnosticado un trastorno digestivo, si tiene problemas con la digestión en cualquier forma (eructación, hinchazón y flatulencia hasta problemas más graves como los mencionados anteriormente), es probable que sus órganos de eliminación necesiten desintoxicarse y su sistema digestivo necesite algo de ayuda. Esto es especialmente cierto a medida que envejecemos. Hay varios pasos que puede dar para mejorar su digestión.

- *Mastique muy bien la comida.* Mastique mucho cada bocado de comida. La digestión de los carbohidratos comienza en la boca; masticar bien la comida permite que la amilasa, la enzima digestiva presente en la saliva, digiera los carbohidratos.

- *Beba bastante agua cada día; unos ocho vasos.* No beber suficiente agua es una de las principales causas de estreñimiento, el cual fomenta un desequilibrio en las bacterias, contribuye a la inflamación del revestimiento intestinal, e incluso puede conducir a la absorción de moléculas más grandes, una enfermedad conocida como permeabilidad intestinal.

- *Mejore su ingesta de vitamina C y magnesio.* Deficiencias de estos dos nutrientes puede contribuir al estreñimiento. Tome vitamina C hasta alcanzar la tolerancia del intestino (heces sueltas), y después recorte la dosis en unos 500 miligramos. Esto debería indicar la cantidad de vitamina C que su cuerpo necesita. Y tome citrato de magnesio para ayudar a mejorar la función intestinal (consulte el Apéndice A para más información).

- *Coma mucha fibra.* Apunte a tomar de cinco a nueve raciones de vegetales al día. Que algunos de esos vegetales sean las verduras crucíferas altas en fibra como coliflor, col rizada, brócoli y coles de Bruselas. Coma una manzana verde baja en azúcar como aperitivo. Rocíe semillas de linaza sobre la avena en su jugo o batido en la mañana. Tome productos con inulina; es un prebiótico que es bueno para el colon. (La inulina es una fibra vegetal soluble que tiene un gusto ligeramente dulce).

- *Trate las alergias alimentarias.* Las alergias alimentarias están detrás de muchos trastornos digestivos. Por ejemplo, entre una y dos terceras partes de los pacientes reportan tener una o más intolerancias alimentarias, dando como resultado hinchazón, gases y dolor. Los principales culpables son los lácteos, los granos, el maíz y la soja.

- *Mejore las bacterias intestinales buenas (probióticos).* El Lactobacillus acidophilus y el Bifidobacterium bifidum se consideran bacterias probióticas buenas porque pueden ayudar a mantener la salud intestinal.

- *Tome suplementos que restauran la salud digestiva.* El aceite de menta con recubrimiento entérico puede reducir el dolor abdominal, la hinchazón y los gases. Enzimas digestivas apoyarán las enzimas digestivas del propio cuerpo y ayudarán a la digestión.

6. Fibromialgia y fatiga

El síndrome de fatiga crónica (SFC) es una enfermedad debilitante que causa cansancio extremo, dolor muscular, trastornos del sueño, dificultades cognitivas y deficiencias y desequilibrios hormonales. La fibromialgia es un trastorno crónico que causa dolor muscular generalizado, fatiga, trastornos del sueño, dificultades cognitivas, rigidez y dolores de cabeza. Las personas con estas enfermedades suben de peso debido a los desequilibrios hormonales, los trastornos del sueño y los cambios en los niveles de actividad. Los desequilibrios hormonales, en particular el hipotiroidismo que se encuentra en pacientes de SFC, causa que el metabolismo se ralentice, lo cual conduce a subida de peso. El cortisol, la "hormona del estrés", con frecuencia es baja durante el día pero también puede comenzar a aumentar durante la noche, causando problemas del sueño en pacientes de SFC, y esto puede contribuir a la subida de peso. El cortisol causa subida de peso especialmente alrededor de la cintura y el estómago.

Mejorar la fibromialgia y el SFC

Para mejorar estas enfermedades, pruebe lo siguiente:

- *Apoye sus glándulas suprarrenales*. La mayoría de personas con fibromialgia o síndrome de fatiga crónica han agotado las glándulas suprarrenales. Es importante evitar sustancias que carguen estas glándulas, como cafeína (café, té negro, chocolate), refrescos, alcohol y azúcar; e incluir suplementos que apoyen las glándulas, como vitamina C, vitamina B_5, enzimas y ácido pantoténico.

- *Haga una dieta de bajo glucémico*. La dieta para perder peso de fin de semana es ideal para quienes sufren fibromialgia y SFC, ya que es de bajo glucémico y está cargada de nutrientes que ayudan al cuerpo a curarse. Deberían evitarse por completo alimentos altos en carbohidratos y sustituirse por vegetales y grasas sanas como aguacate, aceite de oliva virgen extra y aceite de coco virgen.

- *Incluya alimentos que sean ricos en magnesio*. Para evitar los bajos niveles de magnesio que son comunes entre quienes sufren SFC y fibromialgia, consuma alimentos ricos en magnesio como legumbres, semillas, frutos secos y verduras de hoja verde, especialmente hojas de remolacha, espinacas, col rizada suiza, berzas y perejil. También puede beneficiarse de un suplemento de magnesio y ácido málico. (Consulte el Apéndice A).

- *Limpie su cuerpo de toxinas*. La limpieza es una parte muy importante de corregir estas enfermedades. Recomiendo que si sufre SFC o fibromialgia, comience un programa de limpieza tan pronto como sea posible (consulte el Apéndice A para ver recomendaciones de un programa de limpieza).

- *Tome 2-3 cucharadas de aceite de coco virgen cada día*. He recibido reportes de quienes sufren fibromialgia y que se han recuperado de esta terrible enfermedad y están viviendo sin dolor después de comenzar la dieta del coco y añadir jugos recién hechos (véase mi libro *The Coconut Diet*).

7. Sobrecarga tóxica

Muchas personas que batallan con el sobrepeso se culpan a sí mismas de falta de disciplina o fuerza de voluntad, pero especialistas en salud medioambiental explican que los productos químicos que hay en pesticidas, plásticos, cosméticos, disolventes y muchos otros productos de uso común se acumulan hasta niveles tóxicos en nuestro cuerpo y destruyen nuestras defensas naturales y los mecanismos de control de peso. Estas sustancias ajenas se acumulan en las células adiposas porque ese es el lugar más seguro para que el cuerpo las almacene. Cuantas más sustancias químicas y toxinas, más grasa retiene el cuerpo; incluso fabricará más células adiposas para el almacenaje de estas dañinas sustancias si es necesario.

Una vez que el material tóxico como los organofosfatos (un compuesto que contiene grupos de fosfatos) entra en el cuerpo, es probable que pase a dañar los sistemas de control del peso, haciendo que sea más difícil perder peso en el futuro. Químicos sintéticos, que se han utilizado para engordar animales para la producción de carne reduciendo su capacidad de utilizar su propia grasa almacenada, también contribuyen a la subida de peso en humanos. Los animales alimentados con bajas dosis de organofosfatos suben de peso con menos alimento. Aunque su uso como impulsores del crecimiento en la producción de carne ha sido prohibido después de que la investigación descubriese que son muy tóxicos, los organofosfatos siguen siendo un pesticida común. También se utilizan en la fabricación de aditivos de la gasolina, aceite lubricante y goma. Este es solamente un ejemplo de las muchas toxinas que hay en nuestro medioambiente y que pueden obstaculizar nuestros sistemas de control del peso.

La dieta para perder peso de fin de semana está cargada de antioxidantes en los jugos que ayudan a desintoxicar el cuerpo y a cambiar el interruptor del modo subida de peso al modo pérdida de peso.

Librarse de toxinas e impulsar el sistema de desintoxicación es un componente esencial del control de peso a largo plazo y de un metabolismo sano. Tengo un excelente programa de desintoxicación en mis libros *Juicing, Fasting, and Detoxing for Life* y *The Juice Lady's Guide to Juicing for Health* que le llevarán paso a paso en la desintoxicación del colon, el hígado, el bazo y los riñones (véase el Apéndice A para recomendaciones de productos de limpieza).

8. Sensibilidad alimentaria

Las reacciones a los alimentos no son siempre inmediatas. Pueden producirse muchas horas después de haber comido, con síntomas como inflamación e hinchazón en manos, pies, tobillos, cara, abdomen, barbilla y alrededor de los ojos. También pueden justificar las bolsas y ojeras bajo los ojos. Gran parte del peso subido es retención de líquidos causada por la inflamación y la liberación de ciertas hormonas. Además, se produce fermentación de alimentos, en particular carbohidratos, en los intestinos, lo cual puede dar como resultado un abdomen hinchado y distendido debido a los gases.

Entre los síntomas de sensibilidad alimentaria se pueden incluir dolores de cabeza, migraña, indigestión o ardor de estómago, fatiga, depresión, dolor de articulaciones o artritis, heridas ulcerosas, síntomas respiratorios crónicos como dificultad para respirar, congestión sinusal o bronquitis, y problemas intestinales crónicos como diarrea o estreñimiento. Los alérgenos alimentarios más comunes son el trigo o el gluten, el maíz, lácteos, soja y azúcar. Los jugos son muy útiles porque la comida es descompuesta en una forma fácilmente absorbible que no causa reacciones alérgicas.

9. Estrés

Hay libros completos escritos acerca de los problemas de salud causados por nuestro estilo de vida moderno con demasiado estrés. El estrés puede hacernos subir de peso, mientras que la relajación puede adelgazarnos. Bajo cualquier estrés físico o psicológico, el cuerpo está diseñado para protegerse a sí mismo. Almacena calorías y conserva peso. Bombea hormonas al sistema como el cortisol, el cual aumenta las grasas en la sangre, el azúcar y la insulina para preparar al cuerpo para la respuesta de "lucha o huida".

Es bien sabido que el exceso de cortisol liberado durante momentos estresantes hace que la grasa sea depositada en el tronco. Sin comer más ni hacer menos ejercicio, solamente el estrés causará aumento de peso y puede conducir a la diabetes. La relajación activa ayuda a reducir el estrés, junto con la inflamación, y a aumentar la quema de grasa para controlar mejor el azúcar en la sangre. Los jugos pueden ayudar al cuerpo a manejar el estrés porque contienen muchos nutrientes que alimentan al cuerpo con súper nutrición. Esto ayuda al cuerpo a manejar el estrés del modo más eficaz.

10. Congestión de hígado o vesícula

Si llega usted a estancarse en cualquier momento durante su programa de pérdida de peso, o si quiere acelerar la pérdida de peso y el plan de un estilo de vida sano, puede limpiar su cuerpo, comenzando con la dieta para perder peso de fin de semana. Para una mayor limpieza, también recomiendo un programa de limpieza de colon y después la limpieza de siete días de hígado y vesícula, que se bosquejan en detalle en mis libros *Juicing, Fasting and Detoxing for Life* y *The Juice Lady's Guide to Juicing for Health*. Un hígado y vesícula congestionados podrían evitar la pérdida de peso. También, puede que le resulte imposible quitarse kilos hasta que limpie las toxinas de su cuerpo, especialmente de los órganos de evacuación.

Capítulo 3

Por qué una dieta líquida arranca la pérdida de peso

PUEDE QUE LE sorprenda saber que los jugos de verduras son el ingrediente secreto para su éxito en la pérdida de peso. Le ayudan a estar más delgado y saludable debido a sus propiedades alcalinizantes, vigorizantes y su carga de nutrición. Seamos sinceros: hacer jugos es mucho más fácil que pasar todo el tiempo masticando coles de Bruselas, zanahorias y brócoli. No me malentienda. Recomiendo que coma esas verduras con frecuencia, pero realmente, ¿cuántas verduras puede comerse en un día? Pero puede convertirlas en jugo y beberlas con facilidad.

Debido a que el jugo vegetal tiene muy poco azúcar, a la vez que ofrece abundancia de vitaminas, minerales, enzimas y fitonutrientes, es increíblemente útil para la pérdida de peso. Ofrece lo que su cuerpo necesita para luchar contra los antojos y hace su trabajo para mantenerle sano. No sólo querrá comer menos calorías cuando incluya jugos vegetales en su rutina diaria, sino que también obtendrá energía. Por otro lado, puede comerse una bolsa entera de papas y seguir queriendo comer algo más porque su cuerpo recibió muchas calorías vacías que le hicieron sentirse lento y cansado. El mayor beneficio de un programa de jugos es que añade nutrientes valiosos (vitaminas, minerales, enzimas y fitonutrientes) que su cuerpo puede absorber con facilidad y que tienen muchos beneficios para la salud a un mínimo costo en calorías.

¡LA INVESTIGACIÓN DEMUESTRA QUE
LA DIETA CON JUGOS FUNCIONA!

Dos estudios de universidades han demostrado que uno o dos vasos de jugo vegetal el día fomentan cuatro veces la pérdida de peso de personas que no beben jugos con la dieta de la Asociación Americana del Corazón. Ambos estudios fueron pruebas controladas al azar, y cada uno de ellos tuvo una duración de doce semanas.[1]

En el estudio realizado por la Universidad de California-Davis entre noventa adultos sanos entre las edades de cuarenta y sesenta y cinco años, se descubrió que cada persona que bebía al menos 2 vasos de jugo vegetal al día llegaba a su meta de pérdida de peso, mientras que solamente el 7 por ciento de quienes no bebían jugos la alcanzó. Los participantes que bebieron 1 o 2 vasos de jugo vegetal al día perdieron un promedio de 4 libras (2 kg), mientras que quienes no bebieron ningún jugo vegetal tan sólo perdieron 1 libra (500 g). Los investigadores también descubrieron que las personas en el grupo de quienes tomaban jugos vegetales tenían una ingesta significativamente más elevada de vitamina C y potasio y una ingesta significativamente menor de carbohidratos. Los participantes que estaban en la línea de la alta presión arterial y que bebieron 1 o 2 vasos de jugo vegetal disminuyeron significativamente su presión arterial.[2]

Quienes bebieron los jugos vegetales dijeron que les gustó el jugo y sentían que estaban haciendo algo bueno para sí mismos al beberlo. Según Carl Keen, PhD, profesor de nutrición y medicina integral en UC-Davis y coautor del estudio: "El disfrute es crítico para desarrollar buenos hábitos de salud que pueda mantener durante un largo tiempo...Los jugos vegetales son algo que la gente disfruta, además son cómodos y transportables, lo cual hace que sea sencillo beberlos cada día".[3]

El estudio de la Universidad Baylor de Medicina hizo participar a ochenta y un adultos que bebieron de 8 a 16 onzas (23 cl a 50 cl) de jugo vegetal diariamente como parte de una dieta controlada de calorías y sana para el corazón. Mostraron un promedio de 4 libras (2 kg) perdidas durante un período de 12 semanas del estudio, comparado con quienes no bebieron jugos y perdieron solamente 1 libra (500 g). De los participantes en el estudio, de quienes casi tres cuartas partes eran mujeres, el 83 por ciento tenía síndrome metabólico, lo cual es un grupo de factores de riesgo que incluyen exceso de grasa corporal alrededor del tronco, alta presión arterial, alto azúcar en la sangre y elevado colesterol.[4]

Se calcula que 47 millones de estadounidenses tienen alguna combinación de esos factores de riesgo, situándoles en un riesgo mayor de diabetes y enfermedades del corazón.[5] Por eso, la dieta para perder peso de fin de semana baja en glucémico funciona tan bien para la pérdida de peso, y puede ser especialmente útil para personas que tienen desafíos de azúcar en la sangre, como quienes tienen síndrome metabólico (aprenderá más sobre el síndrome metabólico en el capítulo siguiente).

El estudio de la Universidad Baylor de Medicina mencionado anteriormente hizo participar a un gran porcentaje de participantes con síndrome metabólico, un grupo de características que incluyen aumento de peso en el tronco, resistencia a la insulina, bajo HDL, alta presión arterial y elevados triglicéridos. Si no se corrige siguiendo una dieta de bajo glucémico, este síndrome por lo general evoluciona hasta la diabetes. La mayoría de las personas con síndrome metabólico en el estudio perdieron peso cuando añadieron jugos vegetales a su dieta, cuatro veces el peso de otros que no bebieron jugos.

La mayoría de nosotros somos muy conscientes de los efectos secundarios de los supresores del apetito poco sanos o de la arriesgada cirugía, pero a veces las personas sienten que no tienen ninguna otra opción. Yo estoy aquí para decirles que *sí* tienen opciones, ¡y la dieta para perder peso de fin de semana es una de las opciones más sanas de la tierra! Los jugos vegetales actúan como supresores del apetito sanos e inocuos. Puede usted optar por un vaso de jugo vegetal recién hecho antes de su comida principal, y experimentar rápidamente que esos dolores por el hambre desaparecen. Esta es tan sólo una de las razones secretas por las que la dieta para perder peso de fin de semana funciona.

El jugo vegetal también puede desempeñar un importante papel a la hora de estabilizar el azúcar en la sangre, un factor vital en el control del apetito, porque es muy bajo en azúcar. Eso es algo por lo que sentirse emocionado. El azúcar y alimentos como los productos de harina refinada (como panes, rollitos y pasta) que enseguida se convierten en azúcar en el cuerpo causan subidas y bajadas en el azúcar en la sangre. Cuando el azúcar en la sangre está bajo, podemos tener un hambre voraz, y a veces sentirnos malhumorados. El porcentaje de azúcar de los jugos vegetales es mucho más bajo que el de los jugos de frutas, y el conteo de calorías es hasta un 50 por ciento menor; sin embargo, el jugo tiene éxito a la hora de satisfacer el deseo de azúcar. ¡Sorprendente! Esto hace que los jugos sean absolutamente indispensables para tener éxito en la dieta. Experimente con zanahorias; verduras verdes como col, acelgas o repollo; limón; y jengibre, o un jugo con una combinación de zanahoria, alcachofas de Jerusalén, limón y perejil cuando tenga un antojo. ¡El impacto del jugo dejará noqueados a esos antojos!

Cuando satisface su cuerpo con jugos y alimentos alcalinos, densos en nutrientes y el azúcar en su sangre se estabiliza, su apetito por comida basura, dulces y carbohidratos comienza a disminuir. Puede que observe que su fatiga se desvanece y la energía se impulsa. Sentirá más ganas de levantarse y ponerse en marcha en la mañana, hacer ejercicio y realizar cosas. Al igual que muchos otros entusiastas de los jugos, puede que también observe que su enfoque mejora de modo dramático. Eso se debe a que su cerebro está siendo bien alimentado. Cuando come alimentos vacíos de nutrientes, su cerebro no obtiene la cantidad de materiales en bruto que necesita para hacer que se produzcan reacciones. Las cosas salen mal, y usted va de un lado a otro buscando las llaves de su auto durante diez minutos cuando están en uno de sus bolsillos todo el tiempo. ¡Ahora puede despedirse de la lentitud mental!

Siete maneras en que los jugos le ayudan a perder peso

He estado hablando desde el comienzo de este libro acerca de todos los beneficios para la salud de los jugos que recomiendo en la dieta para perder peso de fin de semana. Pero en caso de que sea usted como yo y le ayude ver las cosas de un vistazo, aquí tiene una rápida lista de siete maneras en que los jugos ayudan a las personas a perder peso.

1. Proporcionan abundancia de nutrientes que satisfacen el cuerpo. Los antojos por lo general disminuyen rápidamente.

2. Alimentan al cerebro con súper nutrientes que envían una señal al cuerpo de que está satisfecho. Las personas con frecuencia dicen que no tienen hambre después de un vaso grande de jugo vegetal fresco.

3. Los jugos frescos desintoxican el cuerpo. Las toxinas realmente pueden hacer que subamos de peso. Es cierto. Y pueden hacer que sea muy difícil perder grasa.

4. Una dieta con jugos es vigorizante. Para una mayoría de personas, la fatiga se desvanece y hacer ejercicio se vuelve más fácil. Cuando hacemos ejercicio, construimos músculo y quemamos calorías. Cuanto más músculo desarrollamos, más calorías quemamos, incluso cuando descansamos.

5. Son bajos en calorías. Si las está contando, este programa es bajo en esas pequeñas unidades de energía que hacen aumentar las cifras sobre una báscula.

6. Son de bajo glucémico, queriendo decir que no tienen carbohidratos que hacen engordar.

7. Es una dieta muy alcalina. Este es un importante factor a considerar. Realmente, el cuerpo almacena ácidos en las células adiposas para proteger los delicados tejidos y órganos, haciendo que sea difícil

librarse de la grasa cuando la dieta es predominantemente ácida. Escuche: el cuerpo en realidad producirá grasa para almacenar ácidos cuando se quede sin almacenamiento. Cuando usted logra un sano equilibrio de pH, su cuerpo puede comenzar a eliminar células adiposas.

SIETE JUGOS DE VERDURAS Y FRUTAS QUE AYUDAN A FOMENTAR LA PÉRDIDA DE PESO

Echemos un vistazo a siete jugos que tienen el mayor efecto en sus metas de pérdida de peso.

1. Jugo de espárragos. El jugo de espárragos es un diurético natural. Contiene asparagina: un aminoácido cristalino que mejora la función renal, mejorando así la evacuación del cuerpo. Puede hacer jugo con los tallos que normalmente no comería, lo cual es una buena conservación del producto.

2. Jugo de remolacha. Las remolachas son un diurético natural que se cree que también ayudan a disipar los depósitos de grasa.

3. Jugo de col. Se cree que la col ayuda en la descomposición de depósitos de grasa, especialmente alrededor de la región abdominal.

4. Jugo de apio. El jugo de apio es diurético y tiene propiedades calmantes. El apio es también una buena fuente de sodio natural.

5. Jugo de arándanos rojos. Los arándanos rojos son un diurético. Haga un jugo de arándanos rojos con limón y una manzana verde baja en azúcar; sabe a limonada y es un delicioso capricho para la pérdida de peso.

6. Jugo de pepino. Los pepinos ayudan a aumentar la micción y a eliminar toxinas. Los pepinos son ricos en sulfuro y silicio, que estimulan los riñones para eliminar mejor el ácido úrico.

El silicio también es estupendo para el cabello y las uñas, y ayuda a evitar la pérdida de cabello y las uñas quebradizas.

7. Jugo de tomate. Los tomates contienen ácido cítrico y ácido málico, que mejoran el metabolismo del cuerpo, fomentando una quema de calorías más eficaz.

Beber un vaso de jugo vegetal antes de cada comida puede ayudar a mantener a raya el apetito. Si escoge los ingredientes con algo de cuidado, puede obtener un doble dividendo del control del apetito. Las mejores verduras a utilizar cuando se hacen jugos para perder peso son *alimentos con calorías negativas*: los que requieren más calorías para digerirlos de las que contienen. Incluya alimentos más negativos en calorías como verduras de hoja oscura, brócoli, zanahorias, alcachofas de Jerusalén, hinojo y col, que están entre las mejores verduras a utilizar en recetas de jugos para la pérdida de peso. También considere utilizar espárragos, pepinos y apio, que son diuréticos naturales que pueden aliviar la retención de agua.

Además, el jugo de zanahoria diluido con pepino y verduras como col rizada, acelgas, berza o perejil puede ayudar a mantener los niveles de azúcar en la sangre, lo cual ayudará a prevenir el hambre. Ya que el jugo de zanahoria es dulce, también puede ayudar a satisfacer los antojos de azúcar, pero debido a su elevado contenido en azúcar, debería ser diluido con otras verduras verdes bajas en azúcar. Otra verdura para probar a la hora de curar el apetito por el dulce es la alcachofa de Jerusalén. Sin embargo, aunque reduce los antojos de azúcar, la alcachofa de Jerusalén es sosa, por eso es mejor combinarla con otros jugos como de zanahoria, pepino y limón para sacar su sabor.

PREGUNTAS FRECUENTES

Ahora que sabe en teoría lo eficaces que son los jugos para la pérdida de peso, querrá experimentarlo de primera mano. En este capítulo le ayudaré a comenzar con este programa de fin de semana, con algunas pautas para hacer jugos y escoger un buen exprimidor. Pero antes, aquí están respuestas a algunas preguntas frecuentes junto con muchos consejos para que este sea un plan fácil de seguir.

¿Por qué no comer las frutas y verduras en lugar de hacer jugos con ellas?

Siempre coma vegetales y frutas. ¡Pero también haga jugos! Hay al menos tres razones por las cuales los jugos deberían estar incluidos en su estilo de vida.

1. Puede exprimir mucha más cantidad de la que probablemente comería en un día. Se necesita más tiempo para masticar las verduras crudas. Masticar es algo muy bueno; es importante para los músculos de la mandíbula y los dientes. Sin embargo, tan sólo hay cierta cantidad de tiempo en el día del que la mayoría de nosotros tenemos para masticar alimentos crudos. Ya no somos cazadores y recolectores. Un día cronometré cuánto tiempo sería necesario para comerme cinco zanahorias de tamaño medio (son las que frecuentemente exprimo para mi esposo y yo, junto con pepino, limón, raíz de jengibre, remolacha, hojas verdes como col rizada, acelgas o berza, y apio). Necesité unos cincuenta minutos para comerlas. No sólo no tengo tanto tiempo cada día, sino que también noté la mandíbula cansada después, tanto que apenas podía moverla.

2. Puede hacer jugos con partes de la planta que normalmente no comería, como los tallos de la remolacha y las hojas, tallos de apio, la parte blanca del limón con las semillas, tallos de espárragos, hojas de colirrábano, troncos de brócoli y de col. Eso no sólo es una buena nutrición, sino también buena economía.

3. El jugo se descompone tan bien que es muy fácil de digerir. También ahorra digestión, queriendo decir que los órganos que producen enzimas no tienen que trabajar tan

duro. Se calcula que el jugo está actuando en el sistema aproximadamente en veinte a treinta minutos. Y con respecto a las enfermedades, los jugos son terapia precisamente por esta razón. Cuando el cuerpo tiene que trabajar duro para descomponer verduras, por ejemplo, puede emplear mucha energía en el proceso digestivo. Los jugos hacen el trabajo por usted. Por tanto, cuando se bebe un vaso de jugo vegetal fresco, todos esos nutrientes que dan vida pasan a trabajar enseguida para sanar y reparar su cuerpo, dándole energía para su trabajo de rejuvenecimiento.

¿No necesitamos la fibra que se pierde al hacer jugos?

Es cierto que necesitamos comer vegetales completos, fruta, brotes, legumbres y granos integrales para obtener fibra. Bebemos el jugo para obtener los nutrientes extra; es mejor que cualquier píldora de vitaminas. Y con respecto a la pérdida de peso, bebemos jugos vegetales para el control del apetito. También recomiendo el jugo como terapia en mi libro para más de cincuenta enfermedades: *The Juice Lady's Guide to Juicing for Health.*

Las frutas y verduras completas tienen fibra insoluble y soluble. Ambos tipos de fibra son muy importantes para la salud del colon. La fibra insoluble se pierde cuando hacemos jugos; sin embargo, la fibra soluble está presente en el jugo en forma de gomas y pectinas. Las pectinas son especialmente elevadas en limones y limas. La fibra soluble es excelente para el tracto digestivo. También ayuda a disminuir el colesterol en la sangre, estabilizar el azúcar en la sangre y mejorar las bacterias intestinales buenas.

¿Se pierden muchos nutrientes con la fibra?

En el pasado, algunas personas pensaban que una importante cantidad de nutrientes se quedaba con la fibra después de hacer jugos, pero esta teoría ha sido desaprobada. El Departamento de

Agricultura de Estados Unidos (USDA) analizó veinte frutas y descubrió que el 90 por ciento de los nutrientes antioxidantes que midieron estaba en el jugo en lugar de en la fibra. Por eso el jugo fresco constituye un suplemento tan estupendo en la dieta.

¿Es el jugo recién hecho mejor que el jugo comercialmente procesado?

El jugo recién hecho es un "alimento vivo" cargado de vitaminas y enzimas. Estos nutrientes son destruidos con el calor. Por eso considero que el jugo embotellado es un alimento muerto. El jugo recién hecho también contiene el ingrediente vivo conocido como biofotones (energía luminosa), que revitaliza el cuerpo e incluso nutre el ADN.

Como contraste, los jugos comercialmente procesados, embotellados, congelados o empaquetados han sido pasteurizados, lo cual significa que el jugo ha sido calentado, y muchos de los "nutrientes vivos" (vitaminas, enzimas y energía luminosa) son prácticamente inexistentes. Lo que queda es principalmente azúcar y agua. Cuando las personas dicen que creen que el jugo es alto en azúcar, tienen razón si están hablando de jugo de frutas embotellado.

También tendrá una variedad más amplia de verduras y frutas si hace sus propios jugos y escoge verduras como col, remolacha con las hojas y los tallos, colirrábano con las hojas, hojas de col, acelgas, rúcula, grelos y mostaza parda. Estos ingredientes en raras ocasiones formarían parte de los jugos comerciales. Mis recetas incluyen todas estas verduras, además de alcachofas de Jerusalén, jícama, col, jengibre, hojas de apio, berza italiana y perejil. Estos dulces y crujientes tubérculos y sanas hojas verdes no se encuentran en ningún jugo procesado que yo haya visto.

¿Cuánto producto es necesario para hacer un vaso de jugo?

Las personas con frecuencia se preguntan si es necesario un cubo entero de productos para hacer un vaso de jugo y si se quedarán sin dinero en el proceso. En realidad, si utiliza un buen exprimidor es necesaria una cantidad sorprendentemente pequeña de productos. Por ejemplo, todos los siguientes productos dan como resultado un vaso de jugo de unas 8 onzas (23 cl): una manzana grande, un pepino grande, o de cinco a siete zanahorias. Lo siguiente da como resultado unas 4 onzas (12 cl) de jugo: tres tallos grandes de apio o un tomate mediano. La clave es conseguir un buen exprimidor que deje la pulpa seca. Yo he utilizado exprimidores que expulsaban toda la pulpa mojada. Cuando volvía a pasar por el exprimidor la pulpa, obtenía mucho jugo y la pulpa seguía estando mojada. Si las revoluciones son demasiado elevadas o el exprimidor no es eficaz en algún otro aspecto, desperdiciará mucho producto y le costará mucho dinero.

¿Costará mucho dinero hacer jugos?

Puede calcular que el costo de un vaso de jugo es menor que el de un café con leche. Con tres o cuatro zanahorias, medio limón, un poco de raíz de jengibre, un tallo de apio, medio pepino y un puñado de hojas verdes, probablemente gastará de dos a tres dólares, dependiendo de la temporada, la zona del país y la tienda.

Un nuevo estudio que acaba de ser publicado por el servicio de investigación económica del USDA muestra cuán asequibles son realmente frutas y verduras. Obtener la cantidad recomendada cuesta solamente de 2 a 2,5 dólares al día. Los investigadores tampoco encontraron ninguna diferencia significativa entre los precios promedio de las frutas y verduras frescas y procesadas.[6]

Pero un momento; también hay ahorro oculto. Puede que no necesite tantos suplementos de vitamina. ¿Cuánto cuesta eso? Y probablemente necesitará muchas menos medicinas sin receta como analgésicos, pastillas para dormir, antiácidos y medicinas para el resfriado, la tos y la gripe. Y también se pierde menos tiempo de trabajo. ¿Qué sucede cuando usted se queda sin días libres por enfermedad en el trabajo? Si es autónomo, habrá perdido ingresos cada día que esté enfermo. Con las propiedades que fortalecen el sistema inmune y luchan contra la enfermedad que tienen los jugos frescos, debería usted es bien. ¡Eso supone muchos ahorros!

¿Deberían beber jugos los diabéticos?

Con frecuencia he oído a personas decir que no pueden hacer jugos porque tienen diabetes. Usted puede licuar verduras si tiene problemas de metabolismo del azúcar, pero debería escoger vegetales bajos en azúcar y solamente frutas bajas en azúcar como limones y limas. Zanahorias y remolacha serían demasiado altas en azúcar. Podría añadir una o dos zanahorias a una receta de jugo o una remolacha muy pequeña o parte de la remolacha, pero deberían estar diluidas en jugo de pepino y hojas verdes. Puede utilizar limón y lima, pero otras frutas son más elevadas en azúcar y deberían evitarse. Las bayas son bajas en azúcar, especialmente los arándanos rojos, y pueden añadirse a recetas de jugos. Las manzanas verdes son más bajas en azúcar que las manzanas amarillas o rojas, pero no recomiendo utilizar manzanas. Mantenga los jugos muy bajos en azúcar.

He trabajado con personas que han revertido su diabetes tipo 2 al hacer jugos con verduras bajas en azúcar y comer muchos más alimentos vivos, junto con una dieta de bajo glucémico. Sin embargo, su médico o profesional de la salud conocerá su situación personal, de modo que asegúrese de llamarle o visitarle para hablar de estas opciones antes de cambiar su dieta.

CÓMO ESCOGER EL EXPRIMIDOR ADECUADO

Escoger un exprimidor que sea adecuado para usted puede marcar la diferencia entre hacer jugos diariamente y nunca más volver a hacer jugos, de modo que es importante obtener uno que funcione bien para su estilo de vida.

Las personas me preguntan con frecuencia si pueden utilizar su batidora como exprimidor. No se puede utilizar una batidora para hacer jugo. Un exprimidor separa el líquido de la pulpa (fibra insoluble). Una batidora combina o hace más líquido todo lo que se mete en ella; no separa la fibra insoluble del jugo. Si cree que podría ser una buena idea tener toda esa pulpa de fibra insoluble de la zanahoria, la remolacha o el apio en su jugo para añadirle fibra, puedo decirle por experiencia propia que sabe a aserrín licuado. Para obtener el jugo claro, que es el jugo que le gustará y beberá cada día, necesita un buen exprimidor o licuadora. Busque las siguientes características:

- *Potencia adecuada (hp)*. Busque un exprimidor con 0,3 a 1,0 hp. Las máquinas con un motor débil y poca potencia deben funcionar a revoluciones por minuto muy altas. Las revoluciones no reflejan de modo preciso su capacidad de funcionar eficazmente, porque las revoluciones por minuto se calculan cuando el exprimidor funciona al ralentí, no mientras está exprimiendo. Cuando mete productos en una máquina con poca potencia, las revoluciones por minuto se verán reducidas de modo dramático, y a veces el exprimidor llegará a detenerse por completo. Yo he "matado" algunas máquinas con el primer jugo de zanahoria que hice.
- *Eficacia al extraer jugo*. He utilizado diversos exprimidores que desperdiciaban mucho producto; quedaba en la pulpa una cantidad considerable de jugo. Usted no debería poder sacar jugo de la pulpa sobrante. Algunas máquinas no son eficaces, incluso algunas caras que he probado, y la pulpa sale mojada. Ha habido personas que me han dicho que gastaron mucho dinero en producto, y con frecuencia se debía a que tenían un exprimidor ineficaz.

+ *Velocidad sostenida de la cuchilla durante el exprimido.*
  Busque una máquina que tenga un circuito electrónico que
  sostenga la velocidad de la cuchilla durante el exprimido.

+ *Capaz de exprimir todo tipo de producto.* Asegúrese de
  que la máquina puede exprimir verduras difíciles y duras,
  como zanahorias y remolacha, al igual que delicadas hojas,
  como perejil, lechuga o hierbas. Asegúrese de no necesitar
  un accesorio especial para cítricos. Para el jugo de pasto de
  trigo necesitará un exprimidor de pasto de trigo o un exprimidor que presione el jugo, como una barrena sencilla o
  doble o una máquina de doble marcha, también conocida
  como "exprimidor de masticado". Tenga en cuenta que las
  máquinas que exprimen pasto de trigo junto con otros vegetales y frutas requieren más tiempo para su utilización.
  Por lo general tienen una boca más pequeña, de modo que
  hay que cortar el producto en pedazos más pequeños. Algunas requieren también más tiempo para limpiarlas.

+ *Tubo de llenado grande.* Busque un tubo de llenado grande
  si no tiene mucho tiempo para dedicarlo a los jugos. Cortar
  el producto en pedazos más pequeños antes de exprimirlo
  requiere tiempo extra.

+ *Que expulse la pulpa.* Escoja un exprimidor que expuse la
  pulpa a un recipiente. Este diseño es mucho mejor que otro
  en el que la pulpa se quede dentro de la máquina y tenga
  que sacarse frecuentemente. Los exprimidores que mantienen la pulpa en la cesta central en lugar de expulsarla
  no pueden exprimir continuamente. Tendrá usted que
  detener la máquina con frecuencia para lavarla. Además,
  puede poner en el recipiente una bolsa de plástico gratuita
  de las que están en la sección de frutería en el supermercado, y no tendrá que lavar el recipiente cada vez. Cuando
  haya terminado de exprimir, puede tirar la bolsa con la

pulpa o utilizarla para cocinar o como abono, y no tendrá
que lavar esa parte del exprimidor.

+ *Solo algunas partes que limpiar.* Busque un exprimidor con
solamente algunas partes que limpiar y que también puedan
meterse en el lavavajillas. Cuantos más componentes tenga
un exprimidor y más complicadas de lavar sean las partes,
más tiempo será necesario para limpiarlo y más tiempo será
necesario para montarlo de nuevo. Eso hace que sea menos
probable que utilice la máquina diariamente. Yo tan sólo
enjuago las partes del exprimidor y las dejo que se sequen
al aire (para recomendaciones sobre exprimidores, consulte
el Apéndice A).

Cómo obtener lo máximo de hacer jugos

Hacer jugos es un proceso muy sencillo. Sin embargo, aunque el
proceso es sencillo ayuda tener en mente algunas pautas para obtener los mejores resultados.

+ *Limpiar todo el producto antes de exprimir.* Hay aparatos
que lavan las frutas y las verduras en muchos supermercados y herbolarios. Limpian cualquier suciedad en la superficie y ayudan a eliminar pesticidas en la superficie,
pero no eliminan los pesticidas en el agua y la fibra de la
planta. Corte todas las partes del producto que estén da-
ñadas o tengan moho.

+ *Pelar siempre naranjas, mandarinas, tangelos y toronjas*
antes de exprimirlas porque las pieles de estos frutos cítricos contienen aceites volátiles que pueden causar problemas digestivos como dolor de estómago. La cáscara de
limones y limas puede exprimirse, si es orgánica, pero sí
añade un sabor característico que no es uno de mis favoritos para la mayoría de recetas. Yo por lo general les quito
la cáscara. Deje toda la parte blanca de los cítricos que

sea posible, ya que contiene la mayoría de vitamina C y bioflavonoides, que juntos crean la mejor ingesta para sus células inmunes. Quite siempre la piel a mangos y papayas, ya que contiene un irritante que es dañino cuando se come en cantidad.

También, pele todo el producto que no esté etiquetado como orgánico, aunque la mayor concentración de nutrientes está en la piel y cerca de ella. Por ejemplo, los pepinos no orgánicos por lo general están encerados y tienen pesticidas. No querrá que la cera de los pesticidas esté en su jugo. Las cáscaras y pieles de frutas y verduras rociadas contienen la mayor concentración de pesticidas.

+ *Quitar huesos, pepitas y semillas duras* de frutas como duraznos, ciruelas, albaricoques, cerezas y mangos. Semillas más blandas como las de pepino, naranjas, limones, limas, sandías, melones, uvas y manzanas se pueden exprimir sin problema. Debido a su composición química, grandes cantidades de semillas de manzana no deberían exprimirse para niños menores de dos años, pero no deberían causar problemas para niños más mayores y adultos.

+ *Se pueden exprimir los tallos y las hojas* de la mayoría de productos como tallos y hojas de remolacha, hojas de fresas, hojas de apio, tallos de brócoli y pequeños tallos de uvas, pues también ofrecen nutrientes. Descarte tallos largos de uvas, ya que pueden quitar el filo a la cuchilla del exprimidor. También elimine las hojas de zanahorias y ruibarbo porque contienen sustancias tóxicas. Corte los extremos de las zanahorias, ya que es la parte que antes se echa a perder.

+ *Cortar frutas y verduras en partes o pedazos* que encajen en el tubo de su exprimidor. Aprenderá por experiencia lo que puede añadir completo o qué tamaño funciona mejor para su máquina. Si tiene un tubo largo, no tendrá que cortar mucho.

+ *Algunas frutas y verduras no se exprimen bien.* La mayoría de productos contienen mucha agua, lo cual es ideal para hacer jugos. Las verduras y frutas que contengan menos agua, como plátanos, mangos, papayas y aguacates, no se exprimirán tan bien. Pueden utilizarse en batidos y sopas frías exprimiendo primero otros productos, y después echando el jugo a una batidora y añadiendo el aguacate, por ejemplo, para producir una sopa.

+ *Beber el jugo tan pronto como se pueda después de haberlo hecho.* Si no puede beber el jugo enseguida, guárdelo en un recipiente protegido como una botella de agua del acero inoxidable, un termo u otro contenedor opaco y cerrado en el refrigerador hasta veinticuatro horas. La luz, el calor y el aire destruirán rápidamente los nutrientes. Tenga en cuenta que cuanto más tiempo permanezca el jugo sin que se beba, más nutrientes se pierden. Si el jugo se pone color marrón, se ha oxidado y ha perdido una gran cantidad de su valor nutricional. Después de veinticuatro horas, puede que se eche a perder. Debo añadir, sin embargo, que cuando yo estaba muy enferma con síndrome de fatiga crónica solamente tenía energía suficiente para hacer jugos a mediodía. Guardaba parte del jugo hasta veinticuatro horas. Me recuperé haciendo eso, así que sé que el jugo tiene muchos nutrientes incluso en la cantidad que se guarda. Los jugos de melón y col no se conservan bien; consúmalos pronto después de haberlos hecho.

Capítulo 4

La dieta para perder peso
de fin de semana

BIENVENIDO A LA dieta para perder peso de fin de semana: el programa de arranque para la pérdida de peso en una misión sana. ¡Va a tener un estupendo comienzo! Y al igual que muchos otros que han utilizado este plan para embarcarse en un estilo de vida sano, también usted se sorprenderá por cómo se siente.

Si cree que no le quedará nada interesante que comer en esta dieta, recibirá una grata sorpresa. El plan de dos días incluye beber deliciosos jugos vegetales hechos con las recetas de bajo glucémico y de estupendo sabor del capítulo 7. Y debido a que estoy segura de que le encantará el modo en que se ve y se siente después de los dos primeros días, como añadido he incluido también recetas y un plan de menú para deliciosos alimentos, jugos y batidos que le dan la opción de ampliarlos hasta un plan de catorce días. ¿Por qué? Porque quiero que piense en este fin de semana como el lanzamiento de toda una vida de comer sano. Este es su "faro" en el tormentoso mar de las malas decisiones alimentarias que le alejan de sus mejores y más elevadas metas. Si se desvía, es el camino para pilotar hacia casa y regresar a las decisiones que dan vida.

Ya que está a punto de embarcarse en una dieta líquida durante los dos siguientes días, me gustaría compartir algunas indicaciones acerca de los diferentes tipos de líquidos que yo recomiendo o no recomiendo. En primer lugar, evite los jugos de frutas procesados; se vuelven más productores de ácido cuando son procesados, y especialmente cuando están edulcorados. Los jugos recién hechos con verduras crudas producen alcalinidad, y lograr un sano equilibrio alcalino-ácido mediante su dieta y su estilo de vida es críticamente importante para la pérdida de peso y la salud.

Haga jugos cada día

Incluso si no está siguiendo una dieta con jugos, mi recomendación es que beba dos vasos de jugo vegetal cada día. Es mejor beber un vaso de jugo vegetal en la mañana y otro en la tarde o antes de la cena. El jugo de la mañana ayuda a vigorizar su cuerpo y le proporciona súper nutrientes para aguantar toda la mañana; el jugo de la tarde es un vigorizante para el bajón de tarde que muchas personas experimentan.

También puede añadir otro vaso de jugo vegetal en la noche (como cóctel antes de la cena). Esto ayuda a aminorar su apetito y le da energía para preparar una cena sana.

Si planea hacer la dieta para perder peso de fin de semana durante un fin de semana ocupado o incluso durante la semana laboral, recuerde que puede hacer el jugo la noche antes y llevarse el jugo al trabajo o a las actividades del fin de semana en una botella de agua de acero inoxidable o un termo. Puede guardar el jugo en un recipiente cubierto en el refrigerador hasta veinticuatro horas. Algunas personas prefieren hacer suficiente para todo el día de una sola vez y guardarlo en un recipiente grande, y beber a lo largo del día. Eso le hará tener mucho jugo, de modo que no tendrá hambre.

El té verde es otro estupendo aditivo a su estilo de vida sano mientras está realizando la dieta para perder peso de fin de semana. Rico en antioxidantes y los fitonutrientes catequinas y otros polifenoles que protegen contra la inflamación, el cáncer y otras enfermedades, el té verde es también termogénico. Por estas razones, es una idea estupenda hacer del té verde parte de su plan de comidas diario. Apunte al menos a una taza de té verde orgánico por día. Una taza de té verde tiene aproximadamente una tercera parte de la cafeína que se encuentra en una taza de café. Evite el té verde si es usted sensible a la cafeína, tiene una lenta función renal o es hipoglucémico.

El té blanco tiene menos cafeína que el té verde, y puede que sea mejor tolerado. Los tés de hierbas son también una estupenda elección, y están bien para quienes tienen una lenta función renal o son hipoglucémicos. Al escoger té verde, blanco y de hierbas, busque producción orgánica. Y las bolsitas de té no blanqueadas son una mejor elección que las blancas.

Asegúrese de beber mucha agua. Se recomienda que beba al menos ocho vasos de agua purificada al día para perder peso y mantener una buena salud. Un buen purificador de agua es una estupenda inversión. Tenga cuidado con las toxinas plásticas que se filtran al agua de las botellas de plástico. Lleve agua con usted en botellas de acero inoxidable.

Para hacer el agua de arándanos rojos que verá enumerada en los planes de menú, comience con jugo de arándanos rojos no edulcorado; tan solo jugo, nada añadido. Añada 1-2 cucharadas de jugo de arándanos rojos o concentrado de arándanos a un vaso de agua purificada de 8 onzas (25 cl). Ajuste el jugo de arándanos al gusto. Puede añadir unas gotas de stevia.

El agua mineral con gas puede ser sustituida por agua en cualquier momento. Puede añadir un chorro de limón o lima para añadir sabor, o jugo de arándanos rojos no edulcorado. En cuanto al agua con gas, escoja agua mineral que esté naturalmente carbonatada, como S. Pellegrino y Apollinaris, antes que variedades comerciales. Si sufre IBS, enfermedad de Crohn, celiaquía o diverticulitis, es aconsejable eliminar por completo las bebidas carbonatadas junto con todo el gluten de su dieta a fin de permitir que el revestimiento de su tracto intestinal se cure.

Evite por completo los refrescos; son como beber azúcar líquido con productos químicos tan cáusticos que pueden corroer uñas. Están cargados de azúcar o edulcorantes artificiales que son incluso peor. Estudios los han relacionado con aumento de peso y numerosos problemas de salud. También son muy ácidos. Además, tenga cuidado con los tés edulcorados, bebidas energéticas, bebidas deportivas y agua con vitaminas añadidas. Y siempre evite los refrescos light debido a sus perjudiciales efectos para la salud y el hecho de que en realidad hacen que las personas suban de peso.

LIMPIEZA DE UN DÍA PARA ARRANCAR CON JUGOS

Para acelerar la pérdida de peso o situarse en posición de arrancar en su salud, pruebe mi limpieza de un día para arrancar con jugos o mi Dieta para perder peso de fin de semana. Bosquejaré ambos programas aquí.

Para la limpieza de un día para arrancar con jugos, puede escoger un día que tenga libre del trabajo para que sea más cómodo para usted, o puede hacer jugos con anterioridad y llevárselos al trabajo. A algunas personas les gusta tener jugo para la cena la noche antes y para el desayuno y el almuerzo al día siguiente, con una comida en la noche. Algunas personas repiten una limpieza con jugos cada fin de semana el mismo día para mantener sus cuerpos limpios de toxinas y llenos de nutrición. Escoja lo que funcione para usted.

Esta dieta líquida de un día de duración ayuda a desintoxicar su cuerpo y eliminar grasa. Durante este día solamente beberá jugo vegetal, caldo vegetal, agua, agua mineral con gas y té de hierbas, verde o blanco. Esta es una muestra para el día.

Día 1

Desayuno

+ Té verde, blanco o de hierbas con jugo de limón o agua caliente con limón y una pizca de pimienta de cayena (esto ayuda al hígado a seguir moviéndose).
+ Jugo a elegir

Media mañana
- 9:30: 8 onzas (25 cl) de agua o agua de arándanos rojos
- 10:30: Jugo a elegir
- 11:30: Té verde, blanco o de hierbas o 8 onzas (25 cl) de agua o agua mineral con gas

Almuerzo
- Jugo a elegir

Media tarde
- 1:30: 8 onzas (25 cl) de agua o agua de arándanos rojos
- 2:30: 8 onzas de agua o agua de arándanos rojos
- 3:00: Jugo a elegir
- 4:00: 8 onzas de agua o agua de arándanos rojos
- 5:00: 8 onzas de agua o agua de arándanos rojos

Cena
- Jugo a elegir (puede también añadir una taza de caldo vegetal caliente)
- Taza de té de hierbas

LA DIETA PARA PERDER
PESO DE FIN DE SEMANA

Si está haciendo la versión de fin de semana, comience el viernes en la noche con jugo o un batido para cenar, y siga el plan para el sábado y el desayuno y el almuerzo el domingo. Entonces escoja una receta con alimentos crudos para su cena del domingo.

Nota: si nota que se siente demasiado ausente o su azúcar en la sangre desciende mucho mientras hace la dieta para perder peso de fin de semana, añada un bol de sopa que le dé energía rápida, como Sopa energética de Cherie o un batido verde en una de las comidas. A continuación tiene un plan de comidas a seguir durante todo el fin de semana o dos días cualquiera a su elección. (Todas las recetas sugeridas a continuación se encuentran en el capítulo 7 de este libro).

Viernes

Cena
+ Jugo o batido a elegir, como Cóctel de arándanos y manzana
+ Taza de té de hierbas

Sábado

Desayuno
+ Té verde, blanco o de hierbas con jugo de limón o agua caliente con limón y una pizca de pimienta de cayena (esto ayuda al hígado a seguir moviéndose).
+ Jugo a elegir, como Bomba de bayas verdes o Cóctel Vigorice su día

Media mañana
+ 9:30: 8 onzas (25 cl) de agua o agua de arándanos rojos
+ 10:30: Jugo a elegir, como Triple C
+ 11:30: Té verde, blanco o de hierbas con 8 onzas (25 cl) de agua o agua mineral con gas

Almuerzo
+ Jugo a elegir, como Cóctel "Usted es amado" o Limonada verde

Media tarde
+ 1:30: 8 onzas (25 cl) de agua, agua de limón o agua de arándanos rojos
+ 2:30: 8 onzas (25 cl) de agua, agua de limón o agua de arándanos rojos
+ 3:00: Jugo vegetal a elegir, como Cóctel de rúgula
+ 4:00: 8 onzas (25 cl) de agua, agua de limón o agua de arándanos rojos
+ 5:00: 8 onzas (25 cl) de agua, agua de limón o agua de arándanos rojos

Cena

+ Jugo a elegir, como Amigo para Perder Peso (quizá quiera añadir una taza de caldo vegetal caliente)
+ Taza de té de hierbas

Domingo

Desayuno

+ Té verde, blanco o de hierbas con jugo de limón o agua caliente con limón y una pizca de pimienta de cayena (esto ayuda al hígado a seguir en movimiento)
+ Jugo a elegir, como Mañana rosada

Media mañana

+ 9:30: 8 onzas (25 cl) de agua o agua de arándanos rojos
+ 10:30: Jugo a elegir, como Tomate florentino
+ 11:30: Té verde, blanco o de hierbas con 8 onzas (25 cl) de agua o agua mineral con gas

Almuerzo

+ Jugo a elegir, como Tomate y especias

Media tarde

+ 1:30: 8 onzas (25 cl) de agua, agua de limón o agua de arándanos rojos
+ 2:30: 8 onzas (25 cl) de agua, agua de limón o agua de arándanos rojos
+ 3:00: Jugo vegetal a elegir, como Bomba de remolacha, zanahoria y coco
+ 4:00: 8 onzas (25 cl) de agua, agua de limón o agua de arándanos rojos
+ 5:00: 8 onzas (25 cl) de agua, agua de limón o agua de arándanos rojos

Cena
+ Sopa, ensalada o plato principal entrante de alimentos crudos a elegir
+ Taza de té de hierbas

¡AÑADIDO! AMPLÍE SU PROGRAMA PARA PERDER PESO HASTA DOS SEMANAS COMPLETAS

Si pasa la noche del domingo y su dieta para perder peso de fin de semana le deja sintiéndose y viéndose estupendo, ¡es probable que quiera mantener ese impulso! Le animo a que consiga un ejemplar de mi libro *The Juice Lady's Living Foods Revolution*, que le situará en el camino hacia comer sano de por vida incorporando más jugos, batidos y alimentos crudos a su dieta. Pero por ahora, si quiere ampliar su dieta basada en jugos después del fin de semana, a la vez que añade lentamente alimentos sólidos otra vez a su dieta, siga este añadido al plan de comidas (todas las recetas sugeridas a continuación se encuentran en el capítulo 7 de este libro).

Lunes

Desayuno
+ Jugo a elegir, como Mañana de humor feliz
+ Muesli de manzana
+ Té verde, blanco o de hierbas (y un chorro de limón está rico)

Aperitivo de media mañana
+ Jugo a elegir, té de hierbas o agua de arándanos rojos
+ Media docena de aceitunas verdes o negras orgánicas secadas al sol o procesadas de modo natural

Almuerzo
+ Paté "salmón" falso con mayonesa de almendras crudas
+ 2-3 galletas de linaza

Aperitivo de media tarde
+ Jugo a elegir o agua de arándanos rojos
+ Palitos de verdura con 1 cucharada de mantequilla de almendra cruda

Cena
+ Jugo a elegir, como Salto de jengibre con un toque personal
+ Roulade de almendra
+ Berza marinada

Martes

Desayuno
+ Jugo a elegir, como Cazagrasa de arándanos y pera
+ Té verde, blanco o de hierbas (y un chorro de limón está bien)

Aperitivo de media mañana
+ Jugo a elegir, té de hierbas o agua de arándanos rojos
+ 12 almendras crudas

Almuerzo
+ Sopa de pimiento rojo
+ Tomates en lonchas con aceite de oliva virgen extra y vinagre balsámico
+ 2-3 Galletas de vegetales y frutos secos

Aperitivo de media tarde
+ Jugo a elegir, té de hierbas o agua de arándanos rojos
+ Pieza de fruta baja en azúcar, como una manzana verde

Cena
+ Jugo a elegir, como Pase a verde
+ Pepinos a rodajas con vinagre balsámico
+ Noodles de calabacín crudo con salsa marinara

Miércoles

Desayuno
- Jugo a elegir, como Vigorizante matutino
- Muesli de limón con leche de avena, almendra o arroz
- Té verde, blanco o de hierbas (y un chorro de limón está bien)

Aperitivo de media mañana
- Jugo a elegir, té de hierbas o agua de arándanos rojos
- 2 cucharadas de pipas de girasol crudas

Almuerzo
- Ensalada de invierno
- 1-2 Aperitivos de Nan de zanahoria y linaza al curry

Aperitivo de media tarde
- Jugo a elegir, té de hierbas o agua de arándanos rojos
- 2 cucharadas de pipas de girasol crudas

Cena
- Jugo a elegir, como Perejil vivaz
- Salsa mexicana de almendras
- Sorprendentes galletas de maíz
- Tortillas verdes del Chef Avi Dalene con Paté de girasol de Nan y Salsa de mango o salsa de tomate

Jueves

Desayuno
- Jugo a elegir, como Mañana de humor feliz
- Sémola de pasto de maíz con leche a elegir y frutos secos molidos o semillas crudas
- Té verde, blanco o de hierbas (y un chorro de limón es bueno)

Aperitivo de media mañana
- Jugo a elegir, té de hierbas o agua de arándanos rojos

+ Manzana Granny Smith o Pippin o palitos de verduras

Almuerzo

+ Ensalada de quinoa germinada
+ 2-3 galletas de verduras y nueces

Aperitivo de media tarde

+ Jugo a elegir, té de hierbas o agua de arándanos rojos
+ 6 almendras crudas

Cena

+ Jugo a elegir, como Recargador verde
+ Pizza pesto Gourmet
+ Rodajas de tomate con aceite de oliva virgen extra y vinagre balsámico

Viernes

Desayuno

+ Batido a elegir, como Batido de berza y pera
+ Té verde, blanco o de hierbas (y un chorro de limón es bueno)

Aperitivo de media mañana

+ Jugo a elegir, té de hierbas o agua de arándanos rojos
+ Humus de calabacín con dos galletas Sorprendentes galletas de maíz

Almuerzo

+ Falafel de almendra con Salsa de girasol
+ Gazpacho picante helado

Aperitivo de media tarde

+ Jugo a elegir, té de hierbas o agua de arándanos rojos
+ 1 manzana Granny Smith o Pippin

Cena

+ Jugo a elegir, como Cóctel sur de la frontera

+ Enchiladas delicia brillante con Tortillas de maíz con Salsa de mango
+ Ensalada verde con aliño a elegir

Sábado

Desayuno

+ Batido a elegir, como Batido bomba de bayas

  o

+ Delicia verde de coco con semillas de girasol crudas
+ Té verde, blanco o de hierbas (y un chorro de limón es bueno)

Aperitivo de media mañana

+ Jugo a elegir, té de hierbas o agua de arándanos rojos
+ Huevo hervido o 2 cucharadas de semillas o frutos secos crudos

Almuerzo

+ Ensalada (con opción de tiras de pollo o salmón asado)
+ 1-2 galletas Sorprendentes galletas de maíz

Aperitivo de media tarde

+ Jugo a elegir, té de hierbas o agua de arándanos rojos
+ Palitos de verduras

Cena

+ Jugo a elegir, como Tónico de Primavera
+ Ensalada con Aliño de sésamo
+ Salsa de zanahoria con espárragos y Chícharos frescos sobre arroz

Domingo

Desayuno

+ Jugo a elegir, como Mañana rosada

- Muesli de pasto de trigo o avena tradicional con leche de almendra, avena o arroz
- Té verde, blanco o de hierbas (y un chorro de limón está bien)

Aperitivo de media mañana
- Jugo a elegir, té de hierbas o agua de arándanos rojos
- Palitos de verduras

Almuerzo
- Borsh en crudo o Mezcla vegetal
- Ensalada de col rusa de la Dra. Nina

Aperitivo de media tarde
- Jugo a elegir, té de hierbas o agua de arándanos rojos
- Chips de berza picante

Cena
- Jugo a elegir, como Jengibre con un toque especial
- Sofrito con arroz integral y salvaje
- Ensalada verde con Aliño jengibre y lima

Lunes

Desayuno
- Jugo a elegir, como Cóctel de menta refrescante
- Muesli de manzana
- Té verde, blanco o de hierbas (y un chorro de limón está bien)

Aperitivo de media mañana
- Jugo a elegir, té de hierbas o agua de arándanos rojos
- Media docena de aceitunas negras o verdes orgánicas secadas al sol o naturalmente procesadas

Almuerzo
- Plato principal de ensalada a elegir con taza de chile o sopa a elegir

- 2-3 galletas de linaza

Aperitivo de media tarde
- Jugo a elegir, té de hierbas o agua de arándanos rojos
- Palitos de verduras con 1 cucharada de mantequilla de almendra cruda

Cena
- Jugo a elegir, como Waldorf con toque personal
- Enchiladas de calabacín y rúcula
- Berzas marinadas

Martes

Desayuno
- Jugo o batido a elegir, como Delicia con sabor a nuez
- Té verde, blanco o de hierbas (y un chorro de limón está bien)

Aperitivo de media mañana
- Jugo a elegir o té de hierbas
- 12 almendras crudas

Almuerzo
- Sopa cremosa de pimiento rojo o ensalada a elegir
- Rodajas de tomate con aceite de oliva virgen extra y vinagre balsámico
- 2-3 Aperitivo de Nan de bayas verdes sabrosas

Aperitivo de media tarde
- Jugo a elegir, té de hierbas o agua de arándanos rojos
- Pieza de fruta baja en azúcar, como una manzana verde

Cena
- Jugo a elegir, como Verduras de vida
- Rodajas de pepino con vinagre balsámico
- Calabaza de Nicole redonda y rellena

Miércoles

Desayuno

+ Jugo a elegir, como Cóctel limpiador del hígado
+ Té verde, blanco o de hierbas (y un chorro de limón está bien)

Aperitivo de media mañana

+ Jugo a elegir o té de hierbas
+ 2 cucharadas de pipas de girasol crudas

Almuerzo

+ Ensalada de manzana e hinojo con cáscara de limón
+ 2-3 Aperitivo de Nan de bayas verdes sabrosas

Aperitivo de media mañana

+ Jugo a elegir, té de hierbas o agua de arándanos rojos
+ 2 cucharadas de pipas de girasol crudas

Cena

+ Jugo a elegir, como Súper bebida de brotes verdes
+ Halibut con ajo Dijon
+ Verduras al vapor como brócoli o coles de Bruselas
+ Ensalada verde con aliño a elegir

Jueves

Desayuno

+ Jugo a elegir, como Cura para el ánimo
+ "Beicon" sin culpa
+ Rodajas de tomate o rodajas de aguacate
+ Té verde, blanco o de hierbas (y un chorro de limón está bien)

Aperitivo de media mañana

+ Jugo a elegir (opcional)
+ Palitos de apio con 1 cucharadita de mantequilla de almendra

Almuerzo
+ Rica sopa energética de Cherie
+ Rodajas de tomate con aceite de oliva virgen extra y vinagre balsámico
+ 2-3 Aperitivo de Nan de bayas verdes sabrosas

Aperitivo de media tarde
+ Jugo a elegir (opcional)
+ Palitos de verduras

Cena
+ Jugo a elegir, como Cóctel de verduras
+ Pimientos rellenos
+ Rodajas de tomate con aceite de oliva virgen extra y vinagre balsámico

Viernes

Desayuno
+ Batido a elegir, como Batido verde sano
+ Bayas frescas o congeladas: arándanos, moras o fresas
+ Té verde, blanco o de hierbas (y un chorro de limón está bien)

Aperitivo de media mañana
+ Jugo a elegir, té de hierbas o agua de arándanos rojos
+ Rodajas de tomate deshidratado

Almuerzo
+ Rollitos de ensalada sin huevo
+ 2-3 Aperitivo de Nan de bayas verdes sabrosas

Aperitivo de media tarde
+ Jugo a elegir, té de hierbas o agua de arándanos rojos
+ 1 manzana Granny Smith o Pippin

Cena
+ Jugo a elegir, como Delicia verde

+ Verde de calabacín y nueces
+ Hamburguesas de frutos secos de Cherie

¿Prefiere vegano?

Cuando haya alcanzado sus metas de pérdida de peso, puede que se pregunte si un estilo de vida vegetariano o vegano es correcto para usted. Yo defiendo incorporar tantos alimentos vegetales crudos a su vida como sea posible, pero entiendo que todos somos diferentes. Algunos encuentran una óptima salud en un estilo de vida vegano; otros no. Algunos necesitan carnes magras en su dieta, mientras que otros progresan sin comerlas. Independientemente de en qué lado estemos, todos podemos estar de acuerdo en que nadie necesita mucha carne, pero todos necesitamos muchos vegetales. Y cuantos más vegetales consumamos crudos, más vibrantemente sanos llegaremos a estar. Si queremos resplandecer de salud, este es el camino.

Y todos podemos realizar breves "semanas veganas" para limpiar y desintoxicar nuestro cuerpo. También, un ayuno de uno o dos días con jugos vegetales ocasionalmente es muy útil para limpiar el cuerpo, lo cual me conduce a mi pensamiento final para este capítulo.

Cuándo repetir la dieta de uno o dos días

Finalmente, estará usted celebrando el logro de sus metas de pérdida de peso. Cuando llegue ese día, puede añadir lentamente a su dieta carbohidratos más sanos, incluidos granos integrales, patatas, calabacín y fruta. Por lo general, en esta fase perderá aproximadamente medio kilo por semana. Si come muchos de estos alimentos altos en carbohidratos o se deja llevar durante las vacaciones o en ocasiones especiales y aumenta de peso, puede perder rápidamente esos kilos extra limpiando su cuerpo con la limpieza de un día con jugos o la dieta para perder peso de fin de semana. Si tropieza y come mucho durante un período estresante, puede programar una limpieza de un día con jugos vegetales y eliminar las toxinas. Este es el diseño que puede ayudarle a mantener su peso ideal durante el resto de su vida.

Después del fin de semana: consejos para el éxito en la pérdida de peso

Recortar calorías. La mayoría de personas pierden peso cuando se embarcan en un programa con jugos porque pierden los antojos de comida basura y alimentos altos en carbohidratos. Pero asegúrese de recortar al menos cien calorías de su ingesta calórica diaria. Todos los estudios sobre peso a largo plazo hechos jamás en los que las personas siguieron sin aumentar de peso durante más de dos años demostraron esta sencilla estrategia. Y es muy fácil de seguir. Además, cien calorías es una cantidad tan pequeña que su cuerpo no será capaz de saber que está usted haciendo dieta. De este modo su metabolismo no se ralentiza, y pierde peso de modo natural. Pero no se preocupe si está recortando más de cien calorías al día siguiendo una dieta de alimentos vivos, lo cual probablemente sucederá. Su metabolismo no debería ralentizarse porque este estilo de comer está repleto de nutrientes vivos como vitaminas, enzimas y biofotones que aceleran su metabolismo.

Desayunar. Si cree que saltarse el desayuno recortará muchas calorías de su dieta y acelerará su pérdida de peso, está en un error. Las personas que se saltan el desayuno por lo general comen más en el almuerzo porque tienen mucha hambre, y normalmente toman más aperitivos a lo largo del día. Comience el día con un potente desayuno: primero un vaso de jugo de vegetales crudos o un batido verde, un batido de frutos secos u otro plato de alimentos vivos. Muchas personas dicen que no tienen tanta hambre después de haber bebido un vigorizante vaso de jugo vegetal o un batido verde. Puede que es eso sea todo lo que usted quiera tomar, pero si sigue teniendo hambre, continúe con algunas proteínas como frutos secos o semillas crudas, salsa de verduras crudas y vegetales frescos, una tortilla vegetal o un bol de avena "cortada" tradicional. En un estudio de personas que perdieron al menos treinta libras (13 kg), el 78 por ciento dijo que desayunaba.[1] Asegúrese de comer algo dentro de la primera hora después de levantarse, lo cual aumentará su metabolismo en un 10 por ciento.

Comer aperitivos sanos. Cada día, si trabaja usted fuera de casa, ponga aperitivos sanos en pequeños recipientes o bolsas de plástico para llevarlos con usted y tenerlos en su bolsa o maletín. Si siempre tiene a mano aperitivos sanos como verduras frescas, fruta baja en azúcar, frutos secos crudos o semillas, se sentirá menos tentado a correr a la máquina expendedora o agarrar algunos dulces del plato de un compañero de trabajo. Y no llegará a casa con un hambre voraz y se comerá media bolsa de patatas o galletas antes de la cena.

Beber agua purificada. La próxima vez que sienta hambre, beba un vaso de agua purificada, y puede que no necesite comer. Ya que las hormonas en nuestro tracto intestinal nos dicen que tenemos hambre y son muy similares a las hormonas que nos hacen saber que tenemos sed, con frecuencia es difícil distinguir el hambre de la sed. Por tanto, agarramos algo para comer cuando deberíamos beber agua. Su hambre podría ser el grito de su cuerpo pidiendo H_2O. El agua es esencial para quemar calorías. Las personas que beben ocho o más vasos de agua al día queman más calorías que quienes beben menos.[2] Si no le gusta el gusto del agua, añada jugo de limón recién exprimido. A mí me gusta el jugo de limón y jengibre añadido al agua (mi esposo y yo bebemos aproximadamente un litro de esa combinación al día). Puede que también quiera invertir en un buen purificador de agua. Es sorprendente el modo en que mejora el gusto y la pureza del agua, lo cual se equipara a una mejor salud.

Comer bajo glucémico. Los planes de dieta de bajo glucémico, también conocidos como bajos en carbohidratos, son populares por un motivo: obtienen resultados. Los alimentos de alto glucémico elevan los niveles de azúcar en la sangre, causan que el cuerpo secrete exceso de insulina y conducen al almacenamiento de grasa. Originalmente desarrollada como una herramienta para ayudar a los diabéticos a manejar el azúcar en la sangre, la dieta de bajo glucémico se ha vuelto popular en el mercado de la pérdida de peso en gran parte porque funciona muy bien. El *Journal of the American Medical Association* reportaba que los pacientes que perdieron peso con una dieta de bajo glucémico no aumentaron de peso durante más tiempo que los pacientes que perdieron la misma cantidad de peso con una dieta estándar baja en grasas.[3] Hacer dieta baja en grasas no es bueno para nuestro cuerpo. Necesitamos cantidades adecuadas de grasas esenciales como omega-3. Haga que las grasas de calidad constituyan aproximadamente el 30 por ciento de su dieta, lo cual también contribuirá a la saciedad, ese sentimiento de satisfacción y de que ya hemos comido lo suficiente.

Mantener una actitud positiva. Nunca se diga a usted mismo que no puede hacer algo como perder peso. Elimine todos los pensamientos negativos de su mente; hable y piense solamente palabras positivas para usted mismo y para los demás. Si tiene la meta de bajar cinco libras (2 kg) en dos semanas, imagine que se han ido esas libras. Piense en esto en términos de lo que quiere usted pesar al final de las dos semanas. ¿Cuán bien se sentirá cuando pese cinco libras menos? Guárdese de la autoderrota. No permita que se apodere de usted incluso antes de comenzar.

A continuación tiene algunos consejos adicionales después de que termine el fin de semana para impulsar el éxito en la pérdida de peso aún más.

+ Beba un mínimo de dos vasos de agua de 10-12 onzas (30-35 cl) de jugo vegetal cada día.
+ Para lograr el mayor éxito, esfuércese por comer entre el 75 y el 80 por ciento de los alimentos crudos. (Los alimentos que han sido deshidratados entre 105 y 115 grados (40 y

46 grados centígrados) se consideran crudos porque las enzimas y las vitaminas no han sido destruidas con calor).

+ Durante al menos las tres primeras semanas, omita todas las verduras altas en hidratos de carbono, como patatas, boniatos, calabaza de invierno, maíz y chícharos. También omita todos los granos. Puede comer arroz salvaje; es realmente un pasto de cereales y es más bajo en carbohidratos.

+ Limite los frutos secos como aperitivos a no más de una decena al día y las semillas a no más de 1 o 2 cucharadas; las mantequillas de frutos secos a 1 cucharadita. Los frutos secos contienen carbohidratos.

+ Haga un día por semana un día de fiesta de jugos. Este día, consuma solamente jugos vegetales y sopas junto con la parte de agua y té verde, blanco o de hierbas.

+ Beba de ocho a diez vasos de agua purificada cada día. Si añade un poco de jugo de arándanos rojos o de concentrado de arándanos rojos al agua, ayudará a eliminar grasa y también actuará como diurético. Compre jugo de arándanos rojos o concentrado de arándanos rojos puro y no edulcorado. Esto también ayuda a mantener a raya el apetito.

+ Coma un pequeño aperitivo o vaso de jugo vegetal a media mañana y a media tarde. Esto ayudará a mantener estable el azúcar en la sangre de modo que no sea usted tentado a comer en exceso en el almuerzo, comer aperitivos antes de la cena, o comer en exceso en la cena.

+ Cuanto más ligera sea la cena, más rápidamente perderá peso, porque por lo general no quemamos tantas calorías en la noche como las que quemamos durante el día.

+ Desarrolle un plan de ejercicio que incluya un entrenamiento variado tres o cuatro veces por semana.

Capítulo 5

En el pasillo de la frutería
(Guía de compras)

ESTE CAPÍTULO ES su guía de compras, su manual, para conducirle por las interminables opciones de alimentos poco sanos que están en fila en los estantes y refrigeradores de nuestros supermercados. Todos los productos animales no son lo mismo; tampoco lo son verduras y frutas, ni tampoco ninguna otra cosa.

La misión de *La dieta para perder peso de fin de semana* es ayudarle a arrancar para comer sano, perder peso si necesita hacerlo, desintoxicar su cuerpo y evitar enfermedades escogiendo alimentos vivos que también son alimentos limpios, frescos y completos. Estos son los alimentos que le dan vida a su cuerpo.

Debido a que la mayoría de los alimentos en los supermercados comunes no dan vida, comprar con inteligencia es la clave para comer sano. Y planificar con antelación es la mejor manera de evitar tomar malas decisiones alimentarias cuando no hay nada para comer y se siente mucha hambre. Si hace planes de comidas y compra con antelación, tendrá alimentos a mano y una idea en cuanto a cuándo y cómo cocinar el alimento. Esto le dará una posibilidad mucho mayor de tener éxito después de haber arrancado en su pérdida de peso.

Si algo inesperado se interpone en su camino, tenga un plan de respaldo para tener algo nutritivo que pueda comer, alimentos deshidratados ya hechos o algo que pueda preparar rápidamente. Con este objetivo la información en este capítulo le ayudará a tomar las decisiones más sabias.

Escoja alimentos completos y de verdad

Cada vez más escuchamos el término *alimentos de verdad* o *alimentos completos*, que se refiere a sustancias que son hechas por el hombre, creadas en fábricas e inventadas en formas que son cualquier cosa menos de verdad o completas. Estos alimentos se han convertido en la base de la dieta americana, pero no deberían ser llamados alimentos y no deberían ser parte de la dieta de ninguna persona. Están procesados y vacíos de nutrientes naturales, y llenos de productos químicos para que aguanten más en las estanterías, sean fáciles de transportar y aguanten más tiempo almacenados. A pesar de la variedad de sabores, texturas y formas, la mayoría de estos productos son fabricados a base de las mismas cosechas: trigo, maíz, soja y patatas. Están vacíos de nutrientes debido a que son cultivados en terrenos agotados y ambientes de alta densidad, mientras también están saturados de fertilizantes basados en el petróleo. Están entre las mayores cosechas genéticamente modificadas (GMO) en América. Debido a esta estresante situación en su cultivo, son susceptibles a las plagas. La agricultura comercial aborda esa susceptibilidad rociándolos con grandes cantidades de insecticidas o produciendo plantas GMO que tienen pesticidas incorporados, como la alfalfa Monsanto's Roundup Ready. Esto plantea alarmantes amenazas a nuestro ecosistema, nuestra provisión de alimentos a largo plazo, y nuestra salud.

Los valores en nutrientes de las plantas son aún más disminuidos durante el curso del procesado y el almacenaje, de modo que los alimentos procesados están fortalecidos con vitaminas y minerales sintéticos. Y se añaden sabores para mejorar el gusto porque les queda muy poco sabor. Estos alimentos son con frecuencia adictivos y cancerígenos, a la vez que están vacíos de los nutrientes necesarios para la función celular. Y liberan calorías vacías que se almacenan como grasa porque el cuerpo no puede utilizarlas para la mayoría de sus funciones.

Estos productos se convierten en la base de enfermedades, obesidad, inmunidad reducida e infertilidad reducida, haciendo que los estadounidenses sean la nación *más* alimentada en exceso y menos nutrida del mundo.

Los alimentos de verdad son los alimentos que son menos procesados. Están más cerca de su forma natural y, por tanto, retienen el mayor valor en nutrientes y liberan los mayores beneficios para la salud. Son recolectados después de haber madurado, y tienen mucho sabor. Retienen diversidad de su gusto natural. Tienen un contenido lleno de nutrientes y antioxidantes. Y si son cultivados orgánicamente, en su temporada, y son alimentos locales, son las opciones más sanas posibles.

FRUTAS, VERDURAS Y LEGUMBRES

Para escoger las mejores frutas, verduras y legumbres, opte por los productos más frescos que pueda encontrar y que hayan sido cultivados orgánicamente para evitar pesticidas tóxicos y obtener una mayor nutrición. Compre a los agricultores locales siempre que sea posible, porque ese producto es más fresco que ningún otro transportado en camiones desde otros lugares. Muchos agricultores locales le llevarán una caja de productos hasta su puerta cada semana. Tan sólo consulte sus páginas web para encontrar agricultores orgánicos en su zona. Y si selecciona los productos de temporada, serán los alimentos más frescos que será capaz de encontrar. Y cuanto más fresco sea el producto, más vitaminas y biofotones obtendrá usted.

Las verduras y las frutas elegidas de las estanterías de los supermercados por lo general emiten menos biofotones debido a la pérdida durante el trasporte y el almacenamiento. El trato químico, con gas o con calor que se utiliza para madurar o preservar frutas y verduras reduce aún más la cantidad de biofotones y nutrientes. La radiación, que es un trato radiando rayos gamma a fin de aumentar la vida de los alimentos, conduce a la destrucción total de biofotones y muchos nutrientes (hablaré más de la radiación posteriormente en este capítulo).

Podríamos estar comprando frutas y verduras atractivas en el mercado, pero su contenido en biofotones, enzimas y vitaminas puede que este cercano a cero. Por ejemplo, los aguacates pueden ser tratados con calor a fin de acelerar su maduración, pero si el calor está por encima de 110 grados (43 grados C), mata enzimas, vitaminas y biofotones: la fuerza vital de las células. La mayoría de almendras se requiere que sean pasteurizadas; pero incluso las almendras *crudas* pueden en realidad haber pasado por la pasteurización, eliminando así su contenido en biofotones y reduciendo sus nutrientes. Los productos más frescos pueden encontrarse en mercados de agricultores, mercados locales y su propio huerto, junto con hierbas salvajes que pueda buscar. Puede que algún día los alimentos más sanos que podamos encontrar sea el diente de león no rociado que hay en nuestro propio huerto.

La calidad de proteína en los vegetales está relacionada con la cantidad de nitrógeno que hay en el suelo. Los fertilizantes químicos convencionales añaden nitrógeno extra, que aumenta la cantidad de proteína pero crea una reducción en su calidad. Los terrenos manejados orgánicamente liberan nitrógeno en cantidades más pequeñas durante más tiempo que los fertilizantes convencionales. Como resultado, la calidad de la proteína de las cosechas orgánicas es mejor en términos de nutrición humana. Además, los estudios demuestran que, en todas partes, los productos cultivados orgánicamente son más elevados en nutrientes.[1] (Daré más información sobre las convincentes razones para comprar producción orgánica más adelante en este capítulo).

Escoja plantas autóctonas y silvestres siempre que sea posible. Cuantas más plantas de estas comamos, mayor será la calidad de la nutrición que obtendremos. Además, cuando las plantas comerciales son hibridadas, pierden más y más de su información biológica inherente contenida en el ADN. Esto es también lo que les hace ser más susceptibles a los ataques de enfermedades, insectos y parásitos.

Entonces se dice a los agricultores que necesitan rociar sus cosechas con productos químicos muy tóxicos para matar las plagas. Es un ciclo destructivo que al final afecta a nuestra salud. Cuantos más alimentos ricos en nutrientes comamos, más satisfechos estaremos y más disminuirán los antojos. Eso tendrá un una influencia positiva en nuestra salud y el manejo del peso. También, tendrá beneficios positivos para los agricultores, los animales y nuestra tierra.

Alimentos silvestres. Los alimentos silvestres como el diente de león, los cardos, la oxálida, hierbas salvajes y la hierba bolsa de pastor, nos ofrecen nutrientes que no se encuentran en ningún otro lugar. Consideremos también que si las personas se han adaptado a comer plantas silvestres durante varios cientos de miles de años, entonces pueden surgir problemas cuando intentamos comer frutas y verduras hibridadas y manipuladas genéticamente. Nuestra fisiología sencillamente no está programada para manejar eso.

Verduras. Le aliento a comer muchas verduras de brillantes colores, ya que están llenas de nutrientes que sacian. Coma muchas sopas energéticas, ensaladas, brotes, palitos de verduras y verduras al vapor, junto con beber jugos vegetales y batidos verdes y comer platos con alimentos crudos. Evite las verduras asadas tanto como pueda, ya que el contenido en azúcar es mayor cuando son asadas. Limite las verduras altas en hidratos de carbono como patatas, boniatos y calabacín a no más de tres veces por semana cuando esté intentando perder peso. Si sale a cenar fuera o es una ocasión especial y no puede resistirse a una patata, la mejor elección son las patatas rojas (menos carbohidratos). Si cede a una patata asada, que es muy alta en carbohidratos, cómala con poca grasa como mantequilla. Esto ayudará a disminuir el ritmo con que el azúcar entra en el flujo sanguíneo.

Fruta. Cuatro de las mejores frutas que podemos escoger son limones, limas (ambos muy alcalinos), aguacates y tomates. Los aguacates son una excelente fuente de ácidos grasos esenciales y glutatión (un potente antioxidante), junto con algo de proteína. Contienen más potasio que los plátanos, haciendo que sean una excelente elección para las enfermedades del corazón. Los tomates son una abundante fuente de vitamina C, betacaroteno, potasio, molibdeno y una de las mejores fuentes de licopeno. La función antioxidante del licopeno incluye su capacidad de ayudar a proteger células y otras estructuras en el cuerpo del daño del oxígeno. Se ha relacionado en la investigación humana con la protección del ADN (nuestro material genético) en el interior de los glóbulos blancos. El licopeno también desempeña un papel en la prevención de enfermedades del corazón. Para obtener el máximo licopeno, escoja tomates orgánicos.

Para evitar obtener demasiado azúcar, escoja las frutas de más bajo glucémico como limones, limas, bayas, melón, cerezas, toronjas y manzanas (especialmente verdes). Compre la mayoría de estas frutas solamente orgánicas porque son fuertemente rociadas. Tenga cuidado de comer demasiada fruta a excepción de limones y limas. Los arándanos rojos son otra excelente fruta baja en azúcar. Cómprelos en el otoño y congele parte de ellos cuando no sea su estación. Contienen yodo, que es bueno para la tiroides. Si compra jugo de arándanos rojos embotellado, busque el concentrado de arándanos rojos sin edulcorar o el jugo puro de arándanos rojos. (De los jugos embotellados, el arándano rojo contiene la menor cantidad de hongos). Añada limón, lima o jugo de arándanos rojos para dar sabor a agua y jugos.

Legumbres. Las legumbres (frijoles, lentejas, chícharos secos) están cargadas de nutrición, incluyendo proteínas, calcio, vitaminas y minerales. Y son muy baratas. Cuando se cocinan correctamente, son deliciosas. También pueden ser germinadas. Las legumbres ofrecen muchos beneficios para la salud. Ayudan a evitar antojos, el síndrome metabólico, diabetes tipo 2 y la obesidad. Se debe a que la capa exterior de las legumbres, que es muy alta en fibra, ralentiza el ritmo al cual el azúcar entra en el flujo sanguíneo. Las legumbres también protegen el cuerpo contra el cáncer y las enfermedades del corazón. Además, proporcionan mucha proteína para obtener energía.

¿POR QUÉ ESCOGER PRODUCTOS ORGÁNICOS?

La Agencia para la Protección del Medioambiente (EPA) considera que el 60 por ciento de herbicidas, el 90 por ciento de fungicidas y el 30 por ciento de insecticidas son cancerígenos, y la mayoría son dañinos para el sistema nervioso también.[2] Los residuos de pesticidas suponen riesgos para la salud a largo plazo, como cáncer, Alzheimer, Parkinson, infertilidad masculina, abortos naturales y defectos de nacimiento, junto con riesgos para la salud inmediatos para agricultores y obreros agrícolas debido a intoxicación aguda como vómitos, diarrea, visión borrosa, temblores y convulsiones.[3]

Muchos pesticidas se sabe o se sospecha que causan daños al cerebro y el sistema nervioso, cáncer, alteración de los sistemas endocrino e inmune, y muchos otros efectos tóxicos están en los alimentos que consumimos. Aunque el pesticida causante de cáncer Alar fue prohibido hace veinte años, seguimos sin estar mejor protegidos.

Hay una incidencia mucho mayor de cáncer, particularmente linfoma, leucemia y cáncer de cerebro, piel, estómago y próstata entre agricultores, sus familias y obreros del campo cuando se compara con los índices de cáncer entre el público general.[4] Solamente estos datos deberían ser lo bastante alarmantes para prohibir todos los pesticidas en Estados Unidos. Pero hay inmensos beneficios en juego para grandes empresas que hacen fuerte presión en Washington, pagan estudios que demuestran que sus pesticidas no son tan dañinos, y "educan" a los agricultores acerca de los méritos de los pesticidas, haciéndoles creer que no tendríamos suficiente alimento para dar de comer a la gente si no fuese por los pesticidas.

Eso está lejos de la verdad. Nuestra cooperativa local (PCC) publicó un excelente artículo en su documento *Sound Consumer* en septiembre de 2010 titulado "Los alimentos orgánicos pueden alimentar al mundo". La autora Maria Rodale afirma: "Las empresas de biotecnología y química han gastado miles de millones de dólares intentando hacernos creer que los fertilizantes y los pesticidas sintéticos y los organismos genéticamente modificados (OGM) son necesarios para alimentar a una población creciente, pero la ciencia indica lo contrario. Hay datos claros y concluyentes que muestran que la agricultura orgánica es clave no sólo para resolver el hambre global sino también para...fomentar la salud pública, revitalizando comunidades agrícolas y restaurando el medioambiente".[5]

Investigación por parte del Instituto Rodale, llamada Farm System Trial (FST), que comenzó en 1981, demuestra que una vez que el terreno es restaurado orgánicamente del agotamiento debido a años de un mal manejo, las cosechas orgánicas producen de modo comparable a la producción que utiliza químicos. El estudio también descubrió que la producción de granjas orgánicas es mayor durante períodos de sequía e inundaciones debido a sistemas de raíces más fuertes y mejor retención de la humedad. Los datos de FST también mostraron que la producción orgánica requiere un 30 por ciento menos de energía que la producción química para cultivar maíz y semillas de soja. También descubrieron que la producción orgánica almacena una gran cantidad de carbono y concluyeron que si regresáramos globalmente a la agricultura orgánica, podríamos reducir nuestra contaminación por CO_2 de modo significativo. Estos descubrimientos son apoyados por el estudio de 12 millones de dólares realizado por International Assessment of Agricultural Knowledge, Science, and Technology for Development.[6]

Cuando compramos producción de agricultores orgánicamente certificados o granjeros locales que venden producción sin rociar pero trabajan sin certificación, no obtendremos fertilizantes sintéticos, aguas residuales, organismos genéticamente modificados o radiación ionizada. Comprar las verduras de una fuente local es también la mejor manera de asegurar la frescura. Debemos tener en mente que cuanto más frescas sean verduras y frutas, más biofotones estaremos recibiendo. Muchos agricultores locales entregarán una caja de productos orgánicos cada semana por un precio muy razonable. Tenemos verduras frescas orgánicas en nuestra puerta, y es siempre una bonita sorpresa comprobar lo que recibiremos esa semana. Las verduras que obtengamos difieren de semana a semana. Si usted se apunta a un programa así, puede que haya cosas en la caja que nunca antes había comido, lo cual es estupendo. Llegará a probar algo nuevo, y esa es la mejor manera de obtener una nutrición máxima: variando los alimentos y no comiendo las mismas cosas todo el tiempo.

¿ES LA COMIDA ORGÁNICA MÁS NUTRITIVA?

Con frecuencia me preguntan si los productos orgánicos son más nutritivos que las frutas y verduras cultivadas de modo convencional. Hay estudios que han demostrado que así es. Según los resultados de un estudio de 25 millones de dólares sobre la alimentación orgánica, el mayor de su tipo hasta la fecha, los productos orgánicos sobrepasan por completo a los productos convencionales en contenido nutricional. Un estudio durante cuatro años patrocinado por la Unión Europea en el año 2007 descubrió que las frutas y verduras orgánicas contienen hasta un 40 por ciento más de antioxidantes. Tienen mayores niveles de minerales beneficios como hierro y zinc. La leche de rebaños orgánicos contenía hasta un 90 por ciento más de antioxidantes. Los investigadores obtuvieron sus resultados después de cultivar frutas y verduras y de criar ganado en lugares adyacentes orgánicos y no orgánicos al lado de la Universidad Newcastle. Según el profesor Carlo Leifert, coordinador del proyecto, comer alimentos orgánicos puede incluso ayudar a aumentar la ingesta de nutrientes en personas que no comen el número recomendado de raciones de frutas y verduras al día.[7]

Adicionalmente, un estudio en 2001 completado como parte de una disertación doctoral en la Universidad Johns Hopkins leyó cuarenta y un estudios diferentes que implicaban pruebas de campo, experimentos en invernaderos, encuestas en la cesta de la compra y evaluaciones de agricultores. Los nutrientes más estudiados en esos sondeos incluían: calcio, cobre, hierro, magnesio, manganeso, fósforo, potasio, sodio, zinc, betacaroteno y vitamina C. Muchos estudios también miraron los nitratos. Según el estudio, había significativamente más vitamina C (27 por ciento), hierro (21 por ciento), magnesio (29 por ciento) y fósforo (13 por ciento) en los productos orgánicos que en las verduras cultivadas de modo convencional. También había un 15 por ciento menos de nitratos en las verduras orgánicas. Las verduras que tenían los mayores aumentos de nutrientes entre la producción orgánica y la convencional fueron: lechuga, espinacas, zanahorias, patatas y col.[8] Unamos eso con menos residuos químicos, y podemos ver que comprar alimentos cultivados orgánicamente bien merece la pena el esfuerzo y el costo adicional. Además, estamos invirtiendo en sostenibilidad de la agricultura y la salud de toda la comunidad humana y también de nuestra tierra.

Los estudios revelan que los pesticidas y otras toxinas nos hacen engordar

Los investigadores mostraron que el herbicida común atrazina causa cambios de sexo en peces, y también hace engordar a las ratas independientemente de su conducta alimentaria. "Es posible que los tipos de genes que desempeñan un papel a la hora de leer señales en el camino del cerebro a la periferia para regular la grasa estén siendo influenciados por los pesticidas y…cosas que están en el ambiente", dijo Kaveh Ashrafi, MD, PhD.

El Dr. Ashrafi mencionó otro estudio en el cual se expuso a ratones durante cinco días a dietilestilbestrol (DES), utilizado en la alimentación para ganado y aves criados en factorías, mientras estaban en el útero. Los ratones tuvieron pesos normales al nacer e índices de crecimiento normales, pero terminaron mucho más gordos a lo largo del tiempo, aunque tenían los mismos hábitos alimentarios y de actividad que los ratones que no fueron expuestos al DES.

¿Podrían los residuos en carne comercial estar contribuyendo al aumento de peso en personas que comen frecuentemente productos comerciales animales? El Dr. Ashrafi dijo: "Quizá las toxinas medioambientales sean esencialmente drogas que estamos tomando sin saberlo, y estén actuando en este proceso para fomentar la regulación de la grasa".[9]

COMPRAR ORGÁNICOS: CÓMO ESCOGER LOS MEJORES

A la hora de escoger alimentos cultivados orgánicamente, busque etiquetas que tengan la marca *certificado orgánico*. Eso significa que el producto ha sido cultivado según estrictas normas que son verificadas por organizaciones independientes estatales o privadas. La certificación incluye inspección de granjas e instalaciones de procesamiento, un detallado mantenimiento de informes y pruebas de pesticidas en el terreno y el agua para asegurar que los agricultores y quienes manejan el producto cumplan con las normas gubernamentales. Pero hay un par de categorías donde hay evidencia de que las normas puede que sean laxas con productos lácteos y el etiquetado de algunos alimentos empaquetados.

Apoye a sus granjas de agricultores locales que venden sus productos en mercados agrícolas, mercados locales y entregas en casas. Muchas de las granjas más pequeñas no pueden promover sus productos como "orgánicos", pero si hablamos con ellos, sabremos que no utilizan pesticidas ni fertilizantes químicos; sencillamente no pueden permitirse obtener el certificado.

Puede que ocasionalmente vea una etiqueta que dice *orgánico transicional*. Eso significa que el producto fue cultivado en una granja que recientemente se convirtió o está en proceso de convertirse en agricultura orgánica después de haber utilizado rociados químicos y fertilizantes. Siempre es una buena idea apoyar a esos agricultores.

Si no puede permitirse comprar todo orgánico, evite los peores productos. Según el Environmental Working Group, frutas y verduras cultivadas comercialmente varían en sus niveles de residuos de pesticidas. Algunas verduras, como brócoli, espárragos y cebollas, al igual que alimentos con pieles más gruesas, como aguacates, plátanos y naranjas, tienen niveles relativamente bajos de pesticidas (aparte de la piel) comparado con otras frutas y verduras. Tenga en cuenta que algunas verduras y frutas contienen grandes cantidades de pesticidas. Cada año, el Environmental Working Group publica su lista de las "doce sucias" frutas y verduras, y cataloga frutas y verduras desde la peor hasta la mejor. Puede revisarlo en línea en www.ewg.org.

Cuando no haya disponibles verduras o frutas orgánicas que usted quiera, pida que las consigan. También puede buscar agricultores con poca operación en su zona y comprobar en mercados de agricultores en temporada. Muchas granjas pequeñas no pueden permitirse utilizar tantos productos químicos en la producción como otras granjas comerciales más grandes. Otra opción es pedir por correo productos orgánicos.

Evitar las "doce sucias"

Si no puede permitirse comprar todos los productos orgánicos, podría seguir evitando los peores rociados con pesticidas al comprar solamente producción cultivada orgánicamente de la lista de los más contaminados. (Sí tenga en mente, sin embargo, que esta opción no ayudará a la situación de los agricultores que caen enfermos y mueren de cáncer y otras enfermedades en un porcentaje mucho mayor que la persona promedio). La organización de investigación sin ánimo de lucro Environmental Working Group reporta periódicamente sobre los riesgos de salud que plantean los pesticidas en los productos. El grupo dice que se puede recortar la exposición a los pesticidas casi en un 90 por ciento sencillamente evitando las doce frutas y verduras producidas de modo convencional que se han descubierto como las más contaminadas. Se ha descubierto que comer las doce frutas y verduras más contaminadas expondrá a la persona a unos catorce pesticidas al día, como promedio. Comer las doce menos contaminadas expondrá a la persona a menos de dos pesticidas al día. La lista cambia cada año. Para obtener los índices actuales, consulte www.ewg.org.

La lista de las doce sucias (en 2011)[10]

1. *Manzanas.* Al igual que los duraznos, las manzanas normalmente se cultivan con venenos para matar diversas plagas, desde hongos hasta insectos. Las pruebas han encontrado cuarenta y dos pesticidas diferentes como residuo en las manzanas. Frotarlas y pelarlas no elimina los residuos químicos que son sistémicos.

2. *Apio.* No tiene piel protectora, lo cual hace casi imposible eliminar todos los productos químicos (¡sesenta y cuatro de ellos!) que se utilizan en las cosechas.

3. *Fresas.* Si compra fresas, especialmente fuera de temporada, lo más probable es que sean importadas de países que tienen regulaciones menos estrictas para el uso de pesticidas; cincuenta y nueve pesticidas se han detectado como residuo en las fresas.

4. *Duraznos.* Múltiples pesticidas (hasta sesenta y dos) son aplicados regularmente sobre las delicadas pieles de esta fruta en los cultivos convencionales.

5. *Espinacas.* Las espinacas pueden estar contaminadas hasta con cuarenta y ocho pesticidas diferentes, haciendo que sean una de las verduras de hojas verdes más contaminadas.

6. *Nectarinas (importadas).* Con treinta y tres tipos diferentes de pesticidas encontrados en las nectarinas, se sitúan junto con manzanas y duraznos entre las frutas más sucias.

7. *Uvas,* especialmente las uvas importadas, corren un riesgo mucho mayor de contaminación que las que se cultivan domésticamente. Puede que se rocíen los viñedos con diversos pesticidas durante diferentes períodos de crecimiento de la uva, y ninguna cantidad de lavado o pelado eliminará la contaminación debido a la fina piel de las uvas. Recuerde que el vino se hace de las uvas, y las pruebas muestran que puede albergar hasta treinta y cuatro pesticidas diferentes. (Compre solamente vino orgánico).

8. *Pimientos.* Tienen pieles que no ofrecen una gran barrera para

los pesticidas. Con frecuencia son rociados con insecticidas. Las pruebas han encontrado cuarenta y nueve diferentes pesticidas en los pimientos.

9. *Patatas*. Las patatas cultivadas comercialmente son una de las verduras más contaminadas por pesticidas. También, el chlorpropham (CIPC), el regulador del crecimiento más ampliamente utilizado, se aplica directamente a las patatas para evitar que echen raíces. Un estudio animal descubrió que el CIPC tenía un efecto citolítico (disolución o destrucción de una célula) y ATP intracelular y niveles de potasio reducidos, además de causar una alteración en el metabolismo (ATP es la energía que capacita a nuestras células).[11] Un estudio descubrió que el 81 por ciento de las patatas comprobadas seguía conteniendo pesticidas después de haber sido lavadas y peladas.[12] La patata tiene uno de los peores conteos de pesticidas de entre cuarenta y tres frutas y verduras comprobadas, según el Environmental Working Group. ¿No le hace esto pensarlo dos veces antes de pedir patatas fritas?[13]

10. *Arándanos* (domésticos). Son tratados hasta con cincuenta y dos pesticidas, haciendo que sean una de las bayas más sucias en el mercado. Un amigo recientemente se detuvo al lado de la carretera para adquirir algunos arándanos. Una mujer cercana le dijo que pasarían a rociar todas las bayas en unas semanas antes de recogerlas. Dijo que cuando rociaron el año anterior, todos sus peces de colores murieron, pero que a ella no le hizo daño. Tristemente, su creencia está lejos de la verdad, estos productos químicos hacen daño a todos.

11. *Lechuga*. Cincuenta y un pesticidas diferentes se han encontrado en la lechuga, incluidos cancerígenos conocidos o probables, otros que se sospecha afectan a las hormonas, neurotoxinas, toxinas de desarrollo o reproductivas, y toxinas de abeja.[14]

12. *Col/berza*. Tradicionalmente, la col es conocida como una verdura resistente que rara vez sufre plagas y enfermedades, pero se descubrió que tiene mayores de cantidades de residuos de pesticidas cuando se probó en el año 2010. En 2011, las hojas de berza se unieron a la lista con la col.

LA LISTA DE QUINCE
ALIMENTOS LIMPIOS (EN 2011)[15]

"Los quince limpios" tenían pocas o ninguna traza de pesticidas, y es seguro consumirlos en forma no orgánica. La lista incluye:

- Cebollas
- Maíz dulce
- Piña
- Aguacate
- Espárragos
- Chícharos dulces
- Mangos
- Berenjena

- Melón (doméstico)
- Kiwi
- Repollo
- Sandía
- Batatas
- Toronja
- Champiñones

EVITE POR COMPLETO LOS
ALIMENTOS RADIADOS

Verduras, carnes y otros productos no orgánicos han sido radiados durante años. La radiación mata insectos y otros animales que puedan haberse metido en los alimentos antes de ser enviados al supermercado. Desde manzanas hasta calabacín, los productos son radiados por rutina. Puede parecer que la radiación de alimentos para matar bacterias e insectos en verduras y carnes no orgánicas debería ser beneficiosa. La mayoría de personas pensaría que las espinacas radiadas para matar la salmonella son unas espinacas felices, ¿no es cierto? No necesariamente.

Esto es lo que realmente sucede. A fin de matar todos esos insectos, bacterias y hongos para dar al alimento una vida más larga en las estanterías, el producto es expuesto a la radiación a niveles muy altos. En Estados Unidos esta práctica comenzó en la década de 1960 con la radiación del trigo y las patatas blancas. Desde entonces, la FDA ha aprobado una corriente regular de alimentos para la radiación: en la década de 1980, especias y aliños, cerdo, fruta fresca y sustancias secas y deshidratadas fueron aprobadas; en 1990, aves; y en 1997 fue aprobada la carne roja.[16]

Se ha demostrado que la radiación produce cambios en los cromosomas. Estudios realizados con niños en Hyderabad, India, por el Instituto Nacional de Nutrición en el Council of Medical Research mostró daño en los cromosomas después de haber sido alimentados con trigo recientemente radiado durante seis semanas. Otros niños a quienes se les alimentó con una dieta similar pero que no estaba radiada no mostraron daño en los cromosomas. La situación se revirtió gradualmente cuando a los niños se les quitó la dieta radiada.[17]

La radiación también causa destrucción de nutrientes. Destruye vitaminas y minerales esenciales, incluidos vitamina A, tiamina, vitaminas B_2, B_3, B_6 y B_{12}, ácido fólico, y vitaminas C, E y K. El contenido en aminoácidos y ácidos grasos esenciales también puede resultar dañado. Un 20 a un 80 por ciento de pérdida de estos nutrientes es común. También, la radiación mata bacterias y enzimas amigables, dejando "muerto" al alimento e inútil para el cuerpo, lo contrario a una dieta con alimentos vivos; y puede generar subproductos dañinos como los radicales libres, que son toxinas que pueden dañar células, y sustancias químicas dañinas conocidas como *productos radiolíticos*, entre los que se incluyen formaldehído y benceno.[18]

La respuesta a enfermedades transmitidas por los alimentos no es la radiación; la respuesta es detener el uso excesivo de pesticidas, adoptar prácticas de agricultura orgánica sostenibles, transformar granjas atiborradas de animales en granjas humanas y sanitarias, y asegurar condiciones más sanitarias en las plantas de procesado de alimentos.

Lo único bueno es que en Estados Unidos, agricultores y manufactureros de alimentos deben poner el símbolo de la radiación en la etiqueta indicando que el alimento ha sido radiado, de modo que evitar los alimentos radiados es posible si se compra con cuidado. Desde 1986, todos los productos radiados deben llevar el símbolo internacional llamado una *radura*, que es una flor dentro de un círculo. Pero es similar al símbolo para la Agencia de Protección del Medioambiente. Siempre que vea este símbolo de radura (flor estilizada), quéjese al gerente en su supermercado. Sin embargo, si come en un restaurante, no sabrá si está comiendo alimentos radiados, ya que ellos no están obligados a revelar esa información a sus clientes. Puede preguntar al camarero o al gerente, pero puede que ellos no lo sepan. Algunos restaurantes se niegan a servir alimentos radiados, mientras que otros los sirven regularmente.

Decir no a los GMO

¿Qué tienen en común nachos, leche de soja y aceite de colza? Todos están hechos de las principales cosechas de GMO en Norteamérica.

De las más de cincuenta variedades de plantas genéticamente modificadas (GM) que han sido examinadas y aprobadas para el consumo humano, la mayoría de ellas están modificadas para tolerar herbicidas y tolerar plagas;[19] por ejemplo, tomates y melones tienen características de maduración modificadas; semillas de soja y remolacha azucarera son resistentes a los herbicidas; y las plantas de maíz y algodón tienen mayor resistencia a las plagas de insectos.

Hay otros alimentos a los que prestar atención y comprarlos solamente orgánicos. El arroz está modificado para aumentar sus niveles de vitamina A. La caña de azúcar es genéticamente modificada para resistir los pesticidas. Un gran porcentaje de edulcorantes utilizados en alimentos procesados realmente provienen del maíz, no de la caña de azúcar o la remolacha azucarera, y el maíz es una de las mayores cosechas GM en Estados Unidos. La remolacha azucarera fue recientemente aprobada como cosecha GM. Las papayas GM ahora constituyen unas tres cuartas partes del total de la producción de papayas hawaianas. Carne y productos lácteos provienen con frecuencia de animales que han sido alimentados o inyectados con productos GM, y por eso es muy importante comprar solamente productos de animales alimentados con pasto y criados orgánicamente. Los chícharos genéticamente modificados han creado respuestas inmunes en ratones, sugiriendo que también podrían crear graves reacciones alérgicas en las personas. Se injertó a los chícharos un gen de los frijoles, que crea una proteína que actúa como pesticida.[20] Muchos aceites y margarinas vegetales utilizados en restaurantes y en alimentos procesados y aliños están hechos de soja, maíz, colza o semilla de algodón. A menos que estos aceites digan concretamente "No GMO" u "orgánico", probablemente estén genéticamente modificados.

Al intentar evitar las principales cosechas GMO, tendrá que estar atento a la maltodextrina, la lecitina de soja, el aceite de soja, proteína vegetal texturizada (soja), aceite de colza, productos de maíz y sirope de maíz de alta fructosa. Otros productos GMO a evitar incluyen variedades de calabacín, calabaza de cuello retorcido, papayas de Hawái, aspartamo (NutraSweet) y leche que contenga rbGH, cuajo (que contiene enzimas genéticamente modificadas) utilizado para hacer quesos duros. Muchos de estos productos no los querría de todos modos, pero cuando se trata de estos alimentos, a menos que compre cosecha orgánica, es bastante probable que esté comiendo alimentos genéticamente modificados. Y eso debería causarle una gran preocupación.

Incluso los suplementos de vitaminas pueden estar genéticamente modificados o contener material GM. Por ejemplo, la vitamina C con frecuencia se hace del maíz (busque "fuente no de maíz" en la etiqueta), y la vitamina E por lo general se hace de la soja. Las vitaminas A, B_2, B_6, B_{12}, D y K pueden tener rellenos derivados de fuentes de maíz GM, como almidón, glucosa y maltodextrina.[21] Esta es precisamente la razón para comprar solamente vitaminas de alta calidad de fuentes confiables que utilicen materiales orgánicos.

Debemos convertirnos en consumidores informados y compradores cuidadosos. Podemos mirar las etiquetas de los productos empaquetados para ver si contienen harina de maíz, harina de soja, almidón de maíz, proteína vegetal texturizada, sirope de maíz o almidón alimentario modificado. Compruebe las etiquetas de la salsa de soja, tofu, bebidas de soja, proteína de soja, leche de soja, helado de soja, queso de soja, margarina y lecitina de soja, entre decenas de otros productos. Si no dice orgánico o no GMO, no lo compre; es muy probable que sean GMO. Para comprar con inteligencia, vea la Guía de compras de no GMO, creada por el Institute for Responsible Technology, en www.nongmoshoppingguide.com.

Cuando nos neguemos a comprar productos GM, también ayudaremos a reducir la contaminación. Diversos gases nocivos están contaminando nuestro mundo, y el óxido nitroso (N_2O) constituye el 10 por ciento de ellos. Este gas es trescientas veces más destructivo que el CO_2, y tiene la capacidad de permanecer en la atmósfera casi permanentemente. Dos terceras partes de las emisiones de este gas provienen de fertilizantes de nitrato utilizados en granjas industriales de productos genéticamente modificados. Las mayores cosechas de GMO que los utilizan son las cultivadas con miles de millones de toneladas de pesticidas para granjas agrícolas y unidades de engorde.[22]

Actualmente, la FDA no requiere que los alimentos sean etiquetados GMO. Pero sin un etiquetado que nos proteja, no sabremos cuándo los estamos comprando, porque los alimentos GM son iguales a los alimentos no GM. Y los consumidores desprevenidos están comiendo productos que tienen el potencial de dañar su salud. El único modo de evitar alimentos GM es siendo consciente de qué alimentos son manipulados genéticamente y qué productos están hechos de ellos, y comprar sólo alimentos y productos orgánicos hechos de esos alimentos. Algunos cálculos revelan que hasta treinta mil productos en las estanterías de los supermercados están genéticamente modificados, lo cual se debe en gran parte a que muchos alimentos procesados contienen alguna forma de soja.

Capítulo 6

Después del fin de semana: Cómo mantener la pérdida de peso y sentirse estupendo

ESPUÉS DE SU fin de semana de jugos, podría ser tentado a regresar a sus hábitos alimentarios normales. En lugar de ceder a esta tentación, espero que se detenga y cree un plan para comer con más inteligencia y más sano para construir sobre el sano arranque que su programa de fin de semana ha comenzado. He proporcionado incluso un plan de menús y recetas en este libro para ayudarle a ampliar su alimentación sana durante dos semanas completas. También encontrará una lista de alimentos que comer y alimentos a evitar en el Apéndice B. Puede utilizarlo como su guía al embarcarse en un nuevo estilo de vida de alimentos más sanos.

Pero incluso con menús, recetas y listas de alimentos, seguirá necesitando pensar sobre cómo escoger los mejores productos para un estilo de vida de comer sano y mantener su peso. Todos los productos animales no son iguales; tampoco lo son verduras y frutas, ni tampoco ninguna otra cosa en la lista que está en el Apéndice B. La cuestión de los "alimentos sanos" está en dónde difieren los programas alimentarios en mis libros de La Dama de los Jugos de muchos otros libros de dietas o de programas para perder peso. Como dije en el capítulo 1, *La dieta para perder peso de fin de semana* es un programa de pérdida de peso en una misión. La misión es ayudarle a llegar a estar *más sano* y más delgado, no solamente más delgado. Y quiero que esta misión continúe después de que termine el fin de semana. Por eso estoy a punto de seguir construyendo sobre la información clave acerca de comprar alimentos que proporcioné en el capítulo anterior. Se ha dicho que conocimiento es poder, así que cuanto más entendamos la diferencia entre alimentos sanos y poco sanos, más capacitados estaremos para tomar sanas decisiones en cuanto a alimentos durante toda la vida.

Proteína animal

La proteína magra de calidad es importante para su salud y manejo del peso. Estimula la producción de glucagón, una hormona que funciona de modo contrario a la insulina. El glucagón estabiliza los niveles de azúcar en la sangre y proporciona alimento al cerebro dando señales al cuerpo de liberar energía almacenada. Cuando están sincronizados, la insulina y el glucagón crean un sistema hormonal estable.

A la hora de escoger proteína animal, opte por productos de res, cordero, búfalo y aves alimentados con pasto (también llamados de campo). Obtendrá la carne más sana comparada con los productos comerciales: carne que tiene más grasas "buenas" y menos grasas poco sanas. Por ejemplo, la carne de animales alimentados con pasto tiene de dos a cuatro veces más ácidos grasos omega-3 que la carne de animales alimentados con grano. Esta carne es también más rica en antioxidantes, incluidos vitamina E, betacaroteno, y vitamina C. Además, la carne de campo no tiene trazas de hormonas, antibióticos u otros medicamentos; y tiene cantidades apreciables de CLA (ácido linoleico conjugado), de tres a cinco veces más que los productos de animales alimentados con dietas convencionales.[1] ¡Escuche! Estudios han demostrado que el CLA fomenta la pérdida de peso. Es un ácido graso producido de forma natural y que se encuentra en grasas animales y en lácteos como res, cordero, productos lácteos, aves y huevos. Recientes estudios también han mostrado posibles beneficios para la salud del CLA, como inhibición de formación de tumores, mantenimiento de vasos sanguíneos sanos y normalización del metabolismo de la glucosa.[2]

Si no puede encontrar carne de campo, sí compre carne de granja o, al menos, res, lácteos, cordero, búfalo y aves libres de antibióticos. Las hormonas del crecimiento que se inyectan a los animales criados en factoría les hacen subir de peso. Después de todo, animales engordados rápidamente para hacerles llegar al mercado significa más dinero para los comerciantes; pero ¿qué significa para nosotros? Esas hormonas no son sanas; son incluso dañinas para nosotros. Mercados de alimentos naturales como Whole Foods, Wild Oats, cooperativas y muchos mercados independientes de comida sana, al igual que los agricultores locales, tienen res, cordero, búfalo y aves de campo.

Tenga en mente que pude consumir demasiada proteína animal, lo cual es presión para los riñones, y puede contribuir a un exceso de acidez en el sistema. Por eso es mejor limitar los tamaños de las porciones entre 4 y 6 onzas (113 y 170 gr); las mujeres no deben comer más de 4 onzas (113 gr).

Infórmese sobre la carne roja

No toda la carne roja se crea igual. Además de ser más alta en grasas omega-3 y CLA, la carne de animales alimentados con pasto es también más alta en vitamina E. De hecho, los estudios muestran que la carne de animales de campo es cuatro veces más alta en vitamina E que el ganado engordado y, de modo interesante, casi dos veces más alta que la carne de ganado engordado y suplementado con vitamina E. Eso es beneficioso, pues la vitamina E está relacionada con un menor riesgo de enfermedades del corazón y cáncer.[3]

La res alimentada con pasto es también más baja en grasa total, y particularmente en las grasas saturadas relacionadas con las enfermedades del corazón. Es también más alta en betacaroteno, las vitaminas B tiemina y riboflavina, y los minerales calcio, magnesio y potasio.

Un equipo de científicos de la USDA comparó corderos alimentados con pasto con corderos alimentados con grano en una unidad de engorde. Descubrieron que los corderos que se criaban con pasto tenían un 14 por ciento menos de grasa y sobre un 8 por ciento más de proteína comparados con los alimentados con grano. ¡Y mire esto! La carne de ovejas criadas en pasto ha mostrado dos veces más luteína (caroteno) que la carne de ovejas alimentadas con grano. La luteína reduce el riesgo de cataratas y degeneración macular (una causa principal de ceguera), y también puede ayudar a prevenir el cáncer de mama y de colon.[4]

AVES DE CAMPO CONTRA AVES COMERCIALES

Las aves criadas con pasto son mucho más sanas que las aves criadas comercialmente. Las aves de campo son pollos, pavo, patos y gansos que son criados en jaulas muy grandes en el exterior o en el pasto, donde pueden picar y arañar la tierra en busca de insectos y semillas juntamente con el grano. Respiran aire fresco y están al sol. Su estiércol es extendido sobre amplias zonas de pasto cuando son trasladadas, lo cual es bueno para el terreno y también para las aves.

A veces se les llama equivocadamente pollos de campo, pero las aves de campo se siguen manteniendo enjauladas; tan solo se les permite moverse en el interior de los edificios, que a menudo están tan abarrotados que la "itinerancia" en realidad no es posible.

Las granjas de aves criadas comercialmente son las peores. Se mantienen encerradas con sus pies pisando su propio estiércol desde que nacen hasta que mueren. No obtienen los beneficios del aire fresco y el sol, o la hierba, las semillas y los insectos del pasto que deberían comer. La mayor parte de su vida están medicadas y enfermas.

Cuando escoge pollos criados con pasto, evita lo siguiente:

+ *Hormonas, antibióticos y medicinas.* Hay una creciente preocupación con respecto a que residuos de hormonas y medicinas en las carnes, los huevos y la leche pudieran ser dañinos para la salud humana y el medioambiente. Puede que haya efectos inmunológicos y riesgos de cáncer para el consumidor.[5]

❖ *Arsénico.* Las aves comerciales son con frecuencia alimentadas con trazas de arsénico en su alimento para estimular su apetito. Pueden encontrarse trazas de arsénico en la carne que compramos.[6]

Huevos de gallinas de campo

Los huevos contienen todos los ocho aminoácidos esenciales y son una rica fuente de ácidos grasos esenciales, especialmente cuando son de aves criadas en el campo. También contienen considerablemente más lecitina (un emulsionador de la grasa) que colesterol. Además, los huevos de gallinas alimentadas en el exterior tienen de cuatro a seis veces más vitamina D que los huevos de gallinas alimentadas en jaulas.[7] Las gallinas de campo están expuestas a la luz del sol directa, la cual es convertida en vitamina D y transmitida a los huevos; y los huevos son ricos en sulfuro y glutatión.

Busque huevos de pollos que se hayan criado en campo, sin hormonas, y hayan sido alimentados con una dieta orgánica que incluya hierba verde. Cuando los pollos están en el interior y privados de hierba verde, sus huevos son bajos en grasas buenas.

Para obtener huevos orgánicos de campo, busque cooperativas y mercados de alimentos naturales; también busque productores locales, agricultores y dueños de fincas que alimentan con pasto a sus aves o las dejan caminar libremente.

Pruebas de laboratorio en huevos de gallinas de campo

Mother Earth News recopiló muestras de catorce rebaños de pollos de campo por todo el país e hizo que fuesen analizados en un laboratorio acreditado. Los resultados fueron comparados con datos oficiales de la USDA para huevos comerciales. Los resultados mostraron que los huevos de campo contenían de modo sorprendente:

• Un tercio menos de colesterol que los nuevos comerciales

- Un cuarto menos de grasa saturada
- Dos tercios más de vitamina A
- Dos veces más ácidos grasos omega-3
- Siete veces más betacaroteno[8]

PESCADO

Para elegir el mejor pescado, compre solamente pesca salvaje, lo cual significa pescada con barca y anzuelo o red. La otra opción es pescado criado en piscifactoría, el cual debería evitar. El pescado criado en piscifactoría está inmerso en pequeñas peceras que se colocan en el océano o en pequeños lagos. Los peces a menudo se mantienen en condiciones de hacinamiento, lo cual aumenta su riesgo de infecciones y enfermedades. En lugar de permitirles encontrar sus propias fuentes naturales de alimento (otros peces y kril), se les alimenta con bolitas de comida seca formadas por aceite de pescado, carne de pescado que contiene concentraciones de toxinas, heces de pollo, carne de maíz, soja, aceite de colza genéticamente modificado y otros peces. Las bolitas de alimento seco con frecuencia están contaminadas con agentes causantes de cáncer como PCB, dioxinas, e incluso retardadores de fuego. Esto crea un ambiente muy poco natural, lo cual da como resultado pescado poco sano. De hecho, debido a que su carne se ve anémica, se les da a esos peces colorantes artificiales en el alimento para conseguir de nuevo la misma coloración que el salmón salvaje tiene de modo natural.

Debido a que los peces criados en piscifactoría son susceptibles a las enfermedades debido a sus condiciones de vida en hacinamiento, con frecuencia se les administran antibióticos, que se convierten en parte de la carne. Algunas fuentes dicen que se da a los salmones más antibióticos que a los animales de granja. Como contraste, el salmón salvaje está relativamente libre de estas sustancias y enfermedades.

Los peces criados en piscifactoría no tienen los ácidos grasos esenciales que ofrecen los peces pescados en su medio natural y que son tan importantes para nuestra salud. Cuando se trata de grasa animal, los peces en libertad son una buena fuente de los ácidos grasos omega-3 que son tan sanos, especialmente los peces de agua fría como salmón, caballa y trucha. También, cuanto más pequeño sea el pez, menos mercurio y otros metales pesados estarán almacenados en la carne y la grasa.

Grasas y aceites

Durante décadas hemos tenido una relación de amor-odio con este alimento que hace que tantos platos sepan estupendamente. La grasa nos da ese sentimiento de satisfacción que todos anhelamos, saciedad en realidad, que nos dice que hemos comido lo suficiente. Pero eso no es todo. Las grasas desempeñan un importante papel en la salud de nuestro cuerpo. Algunas grasas pueden incluso ayudarnos a perder peso. Desgraciadamente, consumimos muy pocas de las grasas sanas y demasiadas de las versiones poco sanas hechas por el hombre.

Es difícil comer suficiente comida en una dieta baja en grasas para obtener la energía que necesitamos. La grasa proporciona esa energía. Grasas esenciales como aceites de pescado son alimento para el cerebro; una deficiencia puede conducir a numerosos problemas de salud y también psiquiátricos/sociales. Necesitamos grasas para absorber vitaminas solubles en grasa como A, D, E y K. Pero ¿qué grasas son las mejores elecciones? ¿Qué grasas pueden ser dañinas para nuestro cuerpo? ¿Y cuáles, debido a su procesamiento químico, tienen una influencia más negativa en nuestra salud y en el medioambiente?

Desde la década de 1950 nos han dicho que utilicemos aceite vegetal para la salud del corazón. Se ve claro y puro en una botella sobre la estantería. Ninguna preocupación, ¿no es cierto? Ah, muy equivocado. Hemos sido desviados. Los aceites poliinsaturados (maíz, cártamo, girasol, soja, semilla de algodón) son especialmente susceptibles a la oxidación porque tienen más de un enlace doble, que puede ser roto con bastante facilidad cuando es expuesto al calor, la luz del sol y el oxígeno. Por eso tienen la mayor tendencia a oxidarse. Esto desencadena inflamación, una de las principales causas de enfermedades del corazón, y puede dañar los vasos sanguíneos. La oxidación puede suceder incluso en el procesamiento de estos aceites, y es acelerada con calor, el cual atraviesan en el procesado a menos que sean procesados en frío. Los aceites son entonces desodorizados, lo cual significa que no podemos oler cuando están rancios. El aceite rancio genera radicales libres, que se producen en el procesado y son una de las principales causas del colesterol oxidado. El colesterol oxidado es el que está implicado en las enfermedades del corazón, y no el LDL general. Esta es la razón por la que las grasas insaturadas son tan peligrosas. Debería haber una advertencia en cada etiqueta para que los consumidores puedan realizar una compra informada, pero en ese caso se recortarían los beneficios.

Los aceites oxidados también dañan células, causando inflamación. La inflamación produce resistencia a la insulina, y la resistencia a la insulina produce aumento de peso. El aumento de peso genera citoquinas inflamatorias, conduciendo a más resistencia a la insulina y más aumento de peso. Se convierte en un frustrante ciclo de subir cada vez más de peso.

Cuando las personas comen alimentos preparados con aceites vegetales procesados, como margarina, patatas fritas, alimentos fritos, leche en polvo sin grasa, leche en polvo o líquida para el café, muchos aliños para ensalada, galletas saladas, galletas y multitud de alimentos procesados, comen una alta cantidad de aceite oxidado (rancio). Esto prepara al cuerpo para la enfermedad.

Para ayudarle a escoger los mejores aceites y grasas, a continuación tiene su guía de compras para los aceites y grasas más sanos, junto con otros que evitar. También he incluido el punto de humeo de los aceites recomendados, que es el punto en el que la grasa se descompone, comienza a humear y desprende olor, acelerando la oxidación de estos aceites.

Aceite de coco. Escoja solamente aceite de coco orgánico virgen, lo cual significa que ha sido hecho mediante un método tradicional que no implica un elevado calor o dañinos productos químicos. No se oxidará (se volverá rancio) tan fácilmente porque tiene el doble de enlaces que hacen que los aceites poliinsaturados sean más vulnerables a la oxidación. Tiene una vida más larga en la estantería (cerca de dos años) que la mayoría de aceites y no necesita ser refrigerado. Ha sido un aceite de cocina básico durante miles de años en climas tropicales. Es blanco cuando está sólido, y color crema cuando está líquido.

Muchos aceites de coco de grado comercial están hechos de la copra, lo cual significa la carne del coco seca. Si se utiliza copra estándar como material de comienzo, el aceite de coco no refinado extraído de la copra no es apto para el consumo humano, y debe ser refinado. Esto se debe a que la mayoría de la copra es secada al sol al aire en condiciones muy poco sanitarias donde está expuesta a insectos y mohos. Aunque los productores puede que comiencen con cocos orgánicos e incluso etiqueten su aceite de coco como orgánico, el producto final de algunas marcas es aceite refinado, blanqueado y desodorizado. Alta temperatura y disolventes químicos normalmente son utilizados en este proceso. Si elige aceite de coco virgen hecho a mano de manera tradicional, inmediatamente notará la diferencia en el gusto, el olor y la textura comparado con el aceite hecho con copra estándar. El aceite hecho tradicionalmente, que se conoce como aceite de coco virgen, es muy superior en todos los aspectos. Pagará usted más por este aceite, pero bien vale la pena.

La investigación ha demostrado que el aceite de coco puede ayudarle a perder peso; al cuerpo le gusta quemar sus ácidos grasos de cadena media en lugar de almacenarlos como hace con los ácidos grasos de cadena larga que dominan muchos otros aceites.[9] Tiene un efecto "termogénico", queriendo decir que eleva la temperatura corporal, impulsando así la energía y el ritmo metabólico y fomentando la pérdida de peso. También se ha demostrado en un estudio universitario que mata levaduras, incluso la *Candida albicans*.[10] El aceite de coco es estupendo para cocinar a temperatura media (punto de humeo de 350 grados/176 grados C). No tiene colesterol, lo cual han afirmado algunos. Y sabe muy bien con las palomitas de maíz.

Aceite de oliva. Es una destacada grasa monoinsaturada. Una cucharada de aceite de oliva virgen extra contiene 11 gramos de grasa monoinsaturada, 2 gramos de grasa saturada y 1 gramo de grasa poliinsaturada. Es un aceite antiguo que se remonta a tiempos bíblicos, y se utilizaba para cocinar y para curar. Es más estable en las estanterías que los aceites poliinsaturados. Las variedades con más sabor, más sanas y amigables con el medioambiente son los aceites orgánicos extra virgen que son prensados en frío. Son producidos sin disolventes químicos como el hexano y elevado calor. El aceite de oliva de alta calidad destaca también como un antioxidante que es un luchador contra los radicales libres.

El aceite de oliva es estupendo para aliños de ensalada, alimentos fríos y cocinado con calor bajo, como un ligero salteado. El aceite de oliva virgen extra tiene un punto de humeo de 305-320 grados (151-160 grados C). Otros aceites monoinsaturados como el de aguacate y el de almendras son más aptos para cocinar a temperaturas más elevadas.

Evite por completo la versión menos cara y químicamente derivada que se denomina aceite de orujo: el último proceso de prensado de las últimas pieles de las olivas, extraído mediante disolventes del petróleo como el hexano.

Aceite de almendra. Es un aceite monoinsaturado que se extrae de la almendra y tiene un distintivo sabor a nueces. Por lo general se utiliza como ingrediente en aliños para ensalada, salsas, mayonesa y postres. Contrariamente al extracto de almendra, el aceite de almendra no está lo suficientemente concentrado para proporcionar un fuerte gusto a almendra. Es apto para cocinar a alta temperatura, con un punto de humeo de 420 grados (215 grados C). Muchos pesticidas y herbicidas tóxicos son utilizados sobre los almendros; por tanto, escoja solamente aceite de almendra orgánico prensado en frío.

Aceite de aguacate. Se extrae del aguacate prensando la carne, no el hueso. Con frecuencia es comparado con el aceite de oliva porque los aceites son similares en composición, pero el aceite de aguacate tiene un punto de humeo mucho más alto de 520 grados (271 grados C), y es bueno para cocinar a alta temperatura y hornear. El aceite de aguacate de alta calidad tiene un distintivo color verde debido a su contenido en clorofila. También tiene un característico sabor a aguacate, dependiendo del modo en que el aceite haya sido procesado y manejado, y de la calidad de los aguacates utilizados. El aceite de aguacate es bastante estable en las estanterías y no se oxida con facilidad. Escoja aceite de aguacate prensado en frío. Evite por completo el aceite químicamente procesado.

Aceite de salvado de arroz. Se extrae del germen y la cáscara interior del arroz. Es dominantemente monoinsaturado. Una cucharada contiene 7 gramos de grasa monoinsaturada, 3 gramos de grasa saturada y 5 gramos de grasa poliinsaturada. Contiene sanos fitoquímicos como el betasitosterol, que puede reducir la absorción de colesterol, y ácido alfa-linoleico, que puede aumentar la concentración de ácidos grasos esenciales.

El aceite de salvado de arroz tiene un gusto suave y es popular en la cocina asiática debido a que es apto para cocinar a alta temperatura, como en el salteado, con un punto de humeo de 490 grados (254 grados C). Se dice que es el secreto de una buena tempura. El aceite de salvado de arroz también contiene componentes de vitamina E que pueden beneficiar a la salud y prevenir que se ponga rancio. Busque aceite orgánico y prensado en frío.

Aceite de cacahuate (no refinado). Tiene un punto de humeo de 320 grados (160 grados C), lo cual hace que sea bueno para cocinar solamente a baja temperatura. El aceite de cacahuate refinado tiene un punto de humeo mucho más elevado, pero no se recomienda debido a que está refinado. El aceite de cacahuate contiene un 48 por ciento de grasa monoinsaturada, un 18 por ciento de grasa saturada, y un 34 por ciento de grasa poliinsaturada. Al igual que el aceite de oliva, el aceite de cacahuate es relativamente estable y, por tanto, apropiado para saltear. Pero el elevado porcentaje de ácidos grasos omega-6 que contiene presenta un potencial problema, ya que la dieta americana contiene ya una cantidad muy grande de grasas omega-6 y no suficiente de grasas omega-3. Limite su consumo de aceite de cacahuate o evítelo por completo. Los cacahuates se producen bajo tierra y se sabe que absorben toxinas del terreno, de modo que escoja solamente aceite orgánico y prensado en frío.

Aceite de sésamo. Contiene un 42 por ciento de grasa monoinsaturada, un 15 por ciento de grasa saturada, y un 43 por ciento de grasa poliinsaturada. Se ha utilizado durante miles de años en la cultura asiática. El aceite de sésamo es similar en composición al aceite de cacahuate. El alto porcentaje de grasas omega-6 indica que debería ser utilizado sólo ocasionalmente en pequeñas cantidades. Por lo general se utiliza hexano para extraer aceite de las semillas, de modo que escoja solamente aceite prensado en frío, y manténgalo siempre refrigerado. El orgánico es mejor, pero los residuos de pesticidas son muy pocos en los aceites y semillas de sésamo no orgánicos.

Aceite de nuez de macadamia. Es extraído de la carne de la macadamia. Originario de Australia, el aceite contiene aproximadamente un 60 por ciento de grasa monoinsaturada, un 20 por ciento de grasa saturada, y un 20 por ciento de grasa poliinsaturada. Algunas variedades contienen cantidades casi iguales de grasas omega-6 y omega-3. Es muy estable en las estanterías debido a su bajo contenido en grasa poliinsaturada. Tiene un punto de humeo de 410 grados (210 grados C), haciendo que sea apto para cocinar a altas temperaturas. Se utilizan pocos pesticidas sobre estas nueces, de modo que no es necesario que el aceite sea orgánico. Pero escoja solamente aceite prensado en frío porque la concentración más elevada de residuo de hexano se encontró en el aceite de nuez de macadamia en un estudio que probó 41 muestras de aceites vegetales, de frutas y de nueces.[11]

Mantequilla. Compre mantequilla orgánica de vacas alimentadas con pasto. Tiene más ácido linoleico conjugado (CLA) que lucha contra el cáncer, vitamina E, betacaroteno y ácidos grasos omega-3 que la mantequilla de vacas criadas en granjas o que tienen acceso limitado a los pastos. Un estudio en 2006 mostraba que las vacas que comían el pasto más fresco producían la mantequilla más suave. Las vacas que comen solamente pasto tienen la materia grasa más suave de todas.[12]

La mantequilla está dominada por ácidos grasos de cadena corta y media. Es una elección más sana que la margarina o la mayoría de otras mantequillas vegetales, con la excepción de productos para untar de aceite de coco y aceite de oliva. La mantequilla es una rica fuente de vitaminas A, E, K y D. También tiene cantidades apreciables de ácido butírico, que es utilizado por el colon como una fuente de energía, y ácido laúrico, un ácido graso de cadena media que es una potente sustancia antimicrobiana y antihongos. La mantequilla de vacas alimentadas con pasto también contiene CLA, que proporciona una excelente protección contra el cáncer y nos ayuda a perder peso. Debido a que la hierba viva es más rica en vitaminas E, A y betacaroteno que el heno almacenado o las dietas estándar para vacas lecheras, la mantequilla de las vacas lecheras que pastan en pastos frescos es también más rica en estos importantes nutrientes. El color dorado natural de la mantequilla que proviene del alimento con pasto es una buena indicación de su valor nutricional superior.[13]

La mantequilla es apta para cocinar a temperatura media, con un punto de humeo de 350 grados (176 grados C). El suero de mantequilla, que es mantequilla clarificada, tiene un punto de humeo entre 375 y 485 grados (190 y 251 grados C), y es buena para cocinar a temperatura media y alta.

EVITAR POR COMPLETO

Aceites poliinsaturados. En su estado natural, tal como se encuentran en los frutos secos, verduras y semillas, las grasas poliinsaturadas son sanas; pero cuando son procesadas y convertidas en aceite, se oxidan fácilmente y hacen más daño que bien. En el último medio siglo, la proporción de grasas omega-6, de aceites poliinsaturados (maíz, cártamo, girasol, semilla de algodón y aceites de semilla de soja), con respecto a las grasas omega-3 ha cambiado en la dieta occidental de 2:1 a 14 a 25:1, lo cual fomenta la inflamación, el aumento de peso, la depresión y la disfunción del sistema inmune. Nuestras dietas ahora incluyen muy pocas grasas omega-3, que se encuentran principalmente en el pescado, aceite de pescado, mariscos, carne alimentada con pasto y productos lácteos, nueces, linaza, cáñamo y semillas de chía, y en cantidades más pequeñas en verduras, granos integrales y frijoles.

Aceite de canola. Es una grasa monoinsaturada, como lo es el aceite de oliva, lo cual significa que contiene solamente un enlace doble, de modo que técnicamente podría utilizarse para aliños de ensaladas, preparación de comida fría y cocinado a baja temperatura; pero hay una importante razón para no utilizarlo: la mayoría de aceite de canola proviene de cosechas GM. Investigadores de la Universidad de Florida en Gainesville encontraron niveles de grasas trans hasta del 4,6 por ciento en el aceite de canola procesado.[14]

Grasas trans. Son creadas en el proceso de hidrogenación de aceites y deberían ser evitadas por completo. El consumo de grasas trans aumenta el riesgo de enfermedades coronarias. Productos horneados comercialmente como galletas, galletas saladas, pasteles, magdalenas y muchos alimentos fritos, como rosquillas y patatas fritas, pueden contener grasas trans. Mantecas convencionales y algunas margarinas pueden ser altas en grasas trans.

Margarina y sustitutos de la mantequilla para untar. La mantequilla se hace de diferentes tipos de aceites mezclados con emulsionantes, vitaminas, colorantes, sabores y otros ingredientes. Los aceites son con frecuencia hidrogenados, un proceso utilizado para hacerlos sólidos, de modo que la margarina sea sólida y fácil de untar. *El New York Times* dice: "Un nuevo reporte de investigadores de Harvard dice que una grasa [grasa trans] en la margarina y otros alimentos procesados podría ser responsable de 30.000 de las muertes anuales del país debido a enfermedades del corazón".[15] Cuando se trata de sustancias para untar naturales que son sustitutos de la mantequilla, lea las etiquetas; sepa qué aceites se utilizan. Un producto para untar de aceite de oliva o aceite de coco estaría bien, pero cualquier cosa hecha con aceites poliinsaturados o aceite de canola (a menos que diga específicamente no GMO) debería evitarse.

Sal. Escoja solamente sal marina Celtic o sal gris. La sal marina completa tiene un perfil mineral que es similar a nuestra sangre. La sal de mesa regular es cloruro de sodio altamente refinado que por lo general contiene aditivos para conseguir que se desprenda fácilmente. Cuando la sal es procesada, se eliminan los minerales. Entonces, se añaden productos químicos antiaglutinantes como óxido de potasio o silicato cálcico de aluminio, yodo y dextrosa (azúcar) para hacer sal de mesa. Coma sal con moderación, incluso la sal Celtic o gris. Causa que el cuerpo retenga agua.

Azúcar (todos los tipos). La mayoría del azúcar que comemos está disfrazado en refrescos y otras bebidas, postres, cereales empaquetados, barritas energéticas, alimentos empaquetados, aperitivos y yogur. Gran parte es sirope de maíz de alta fructosa, que se utiliza para endulzar todo, desde galletas saladas, salsas de tomate, kétchup, refrescos, carnes procesadas e incluso algunos productos de comida sana. Se utiliza principalmente porque es barato. Pero muchos profesionales de la salud le atribuyen aumento de obesidad, síndrome metabólico, diabetes, ciertos cánceres y enfermedades del corazón. Cuanto más evite el azúcar, menos deseos tendrá de comerlo. ¡Y perderá peso!

Consulte la página web www.sugarshock.com. Aprenderá sobre

el viaje de la periodista Connie Bennett hacia un cambio de vida al evitar el azúcar. Ella sufrió decenas de síntomas debilitantes durante años. Finalmente, un médico conectó su estado con comer en exceso carbohidratos y dulces procesados, entre los que se incluían sus favoritos: regaliz rojo, chocolate y caramelos duros.

Hay que evitar todas estas fuentes de azúcar: sirope de maíz de alta fructosa, sacarosa (azúcar blanco, otro gran producto GMO), azúcar moreno, miel, dextrina (una compleja molécula de azúcar, resultante de la acción enzimática sobre el almidón), alcoholes de azúcar como sorbitol, manitol, xilitol (escoja solamente orgánicos de madera de abedul; gran parte del xilitol que hay en el mercado está hecho de subproductos de la industria de la pulpa de la madera o de la pulpa del tallo, cáscaras de semillas o cáscara de maíz), jugo de caña, sucanat y melaza.

Edulcorantes artificiales. Por causa de su salud, no sólo de su peso, evite por completo todos los edulcorantes artificiales, que puede causar multitud de problemas de salud. Y si piensa que le ayudan a perder peso, eche un vistazo a la investigación. Las personas que consumen sustitutos del azúcar realmente aumentan más de peso que quienes utilizan azúcar.[16] Y utilizar azúcar es una muy mala decisión para su peso al igual que para su salud.

Vea la película *Sweet Misery* para obtener un revelador reporte sobre el aspartamo (NutraSweet). El Dr. Woodrow C. Monte dice: "El metanol [uno de los productos de descomposición del aspartamo] es considerado un toxicante. La ingesta de dos cucharaditas se considera letal en los humanos".[17] El consumo continuado puede crear una bomba de tiempo para un gran número de enfermedades neurológicas, incluyendo (pero sin limitarse a ellas) cáncer de cerebro, enfermedad de Lou Gehrig, enfermedad de Graves, síndrome de fatiga crónica, esclerosis múltiple y epilepsia.[18]

James Turner, presidente de Citizens for Health, ha declarado que la FDA debería revisar su aprobación de Splenda basándose en un estudio de la sucralosa que revela nueva información alarmante acerca de los potenciales efectos dañinos de este edulcorante artificial sobre los humanos. Cientos de consumidores se han quejado de efectos secundarios al consumir Splenda. Turner dijo que el estudio, publicado en la revista *Journal of Toxicology and Environmental Health*, confirma que los productos químicos en los pequeños paquetes amarillos "deberían llevar una gran etiqueta roja de advertencia". Según una nota de prensa de Citizens for Health, el estudio descubrió que "Splenda reduce la cantidad de bacterias buenas en el intestino en un 50%, aumenta el nivel de pH en los intestinos, contribuye al aumento del peso corporal y afecta a la P-glicoproteína (P-gp) en el cuerpo de tal modo que medicamentos cruciales relacionados con la salud podrían ser rechazados".[19] ¡El estudio es claro en que este edulcorante también puede causar aumento de peso!

El sirope de maíz de alta fructosa hace que el cerebro desee comida

El estadounidense promedio ahora consume 145 libras (65 kilos) de sirope de maíz de alta fructosa al año (un edulcorante de maíz que se encuentra en la mayoría de refrescos y muchos alimentos procesados). Es sorprendente que no todo el mundo sea obeso. Nueva investigación demuestra exactamente el modo en que el sirope de maíz de alta fructosa evita los sistemas normales de equilibrio de energía en el cuerpo, causando que el cerebro quiera más alimento porque nunca registra realmente las calorías del sirope de maíz de alta fructosa.[20] También hay investigación que indica que el sirope de maíz de alta fructosa indica señales al gen que promueve la formación de grasa y la acumulación de grasa, lo cual es probable que dé como resultado obesidad, resistencia a la insulina y diabetes tipo 2.[21]

Entre los edulcorantes a consumir con moderación se incluyen sirope de agave, sirope de arroz integral y sirope puro de maple. La miel silvestre es también aceptable si se utiliza con moderación. Yo recomiendo stevia como el mejor edulcorante a consumir.

Tomar suplementos para el manejo del peso

Multivitaminas

Cuando estamos recortando la comida en general, y ciertos alimentos como frutas y granos en particular, es importante rellenar los vacíos con una buena cápsula multivitamínica. Sea consciente de que no todos los suplementos son de alta calidad. Pagará usted un poco más por un suplemento natural de alta calidad, pero vale la pena.

Suplementos de enzimas

Las enzimas digestivas pueden desempeñar un gran papel en el control del peso. Una carencia de enzimas es un factor oculto en la obesidad. Las enzimas son esenciales para apoyar una pérdida de peso sana. La lipasa es una enzima abundante en los alimentos crudos, y ya que muy pocos de nosotros tenemos una dieta rica en alimentos crudos, carecemos de suficientes cantidades para digerir cantidades normales de grasa en nuestra dieta. Cuando comemos dietas ricas en grasa pero bajas en alimentos crudos ricos en enzimas, nuestro cuerpo no puede quemar esa grasa extra de modo tan eficiente o convertirla en energía. Cuando tenemos suficiente lipasa, nuestro cuerpo es capaz de descomponer y utilizar la grasa. Sin esta enzima vital, la grasa se acumula y es almacenada en arterias, órganos, capilares y, desde luego, células adiposas. La veremos aumentar en nuestras cabezas, trasero, estómagos y muslos.

La proteasa es una enzima vital para descomponer proteínas y eliminar toxinas. Si el cuerpo está almacenando toxinas, se hace más difícil quemar grasa; las células adiposas son donde su cuerpo almacena el exceso de toxinas. Cuando usted quema grasa, las toxinas son liberadas de nuevo al sistema, lo cual puede causar retención de agua e inflamación; por tanto, una dieta rica en proteasa, o suplementación con enzimas, ayudará a eliminar toxinas, razón por la cual estas dos enzimas son tan importantes cuando está perdiendo peso.

La amilasa es una enzima que descompone el almidón en azúcar. La amilasa está presente en la saliva humana; la boca es donde comienza el proceso químico de la digestión. La amilasa ayuda en la digestión de almidones y carbohidratos, y cuando se combina con las otras enzimas apoya la digestión en general. También sirve como equilibrador de la glucosa.

Calcio

Un estudio descubrió que una dieta consistente principalmente en alimentos altos en calcio daba como resultado una pérdida de peso promedio de 24,6 libras (11 kilos) en dieciséis semanas.[22] Esto es más que la pérdida de peso promedio en un año en pruebas utilizando medicamentos para perder peso. Según el *Journal of the American College of Nutrition*, cincuenta y cuatro mujeres jóvenes participaron en un estudio de dos años; quienes tenían las mayores ingestas de calcio perdieron más peso y grasa corporal en programas de control de peso, independientemente del nivel de ejercicio.[23] Otras evaluaciones de sus pares siguen indicando que las dietas altas en calcio están relacionadas con un menor peso corporal. En otro estudio, los investigadores calcularon que solamente 1.000 miligramos de ingesta diaria de calcio adicional daba como resultado una diferencia de 17,6 libras (7,9 kilos) en peso corporal.[24] (Consulte el apéndice A para recomendaciones sobre calcio).

Vitamina D

Un estudio de la Universidad de Minnesota ha descubierto que mayores niveles de vitamina D en una dieta baja en calorías puede ayudar a las personas a perder más peso, especialmente alrededor del abdomen. El estudio descubrió que los sujetos perdieron de un cuarto a media libra más de grasa cuando su nivel de vitamina D fue aumentado.[25] (Consulte el Apéndice A para recomendaciones sobre vitamina D).

5-hidroxitriptofano (5-HTP)

El 5-HTP es el precursor inmediato de la serotonina y ha sido estudiado en el tratamiento de la obesidad. Un estudio concluyó que el 5-HTP reducía el número total de calorías diarias sin un esfuerzo consciente para perder peso por parte de ninguna de las participantes femeninas. La pérdida de peso promedio en este estudio en particular fue de tres libras (1,3 kilos) durante el curso de cinco semanas.[26] Un segundo estudio se realizó durante un periodo de seis semanas sin restricción dietética y las segundas seis semanas con la adición de una dieta de 1.200 calorías. Hubo un marcado aumento en la pérdida de peso de las participantes que tomaban el suplemento contrariamente a quienes se les suministró un placebo. La pérdida de peso promedio fue de 10,3 libras (4,6 kilos) para el grupo del suplemento y de 2,28 libras (1,03 kilos) para el grupo del placebo. La conclusión fue que la acción del 5-HTP sobre el centro de saciedad en el cerebro causó que quienes lo utilizaron comieran menos calorías.[27] También, el 5-HTP ayuda a algunos individuos a aliviar el insomnio; y el 5-HTP ayuda a la depresión, lo cual podría reducir el comer emocionalmente debido a un ánimo deprimido como tristeza, soledad y odio hacia uno mismo.

Maca en polvo

La maca es una planta anual que crece en Perú y produce una raíz parecida al rábano. Los peruanos afirman que la maca aumenta la energía, ayuda a la depresión y la anemia, y mejora la memoria y la vitalidad general. ¡Este potente alimento es también estimulante de la libido! Más energía se equipara a más actividad y quemar más calorías.

Inulina

La inulina es una fibra soluble de bajo glucémico que asume una consistencia parecida al gel cuando es expuesta al agua. La inulina crea saciedad: sensación de estar lleno. Se encuentra en las alcachofas de Jerusalén, tallos de espárragos, raíz de achicoria (utilizada con mayor frecuencia para hacer inulina comercial), bulbo de alcachofa y raíz de salsifí. Esta fibra reduce los deseos de comida. También, la naturaleza probiótica de la inulina ayuda a proporcionar un medio para que las bacterias sanas sigan creciendo en el tracto intestinal. Un estudio con niños publicado en el *Journal of Pediatrics* mostró que los suplementos de inulina dieron como resultado un índice de masa corporal (IMC) mucho más bajo durante un periodo de un año.[28]

Mantenerse en forma y estupendo con ejercicio

¿Qué pueden hacer por usted diez minutos de ejercicio enérgico? Un reciente estudio indicaba que diez minutos de ejercicio vigoroso desencadena cambios metabólicos que pueden durar al menos una hora. Además, cuanto más en forma esté usted, más beneficios obtendrá. Los investigadores midieron los cambios bioquímicos en la sangre de varias personas. Los cambios metabólicos que comenzaron después de diez minutos en una cinta andadora seguían siendo mensurables sesenta minutos después de que las personas se relajaran.[29]

En el Hospital General de Massachusetts, investigadores midieron los cambios bioquímicos que ocurren durante el ejercicio. Descubrieron alteraciones en más de veinte metabolitos diferentes. Algunos de estos compuestos ayudan a quemar calorías y grasa, mientras que otros ayudan a estabilizar el azúcar en la sangre. Algunos de los metabolitos se aceleraron durante el ejercicio, como los que están implicados en procesar la grasa, mientras que otros implicados en el estrés celular disminuyeron.[30]

La mejor manera de quemar grasa y perder peso se está

demostrando ahora que son breves periodos de ejercicio anaeróbico en el cual aumentamos nuestro ritmo cardíaco hasta nuestro umbral anaeróbico durante veinte a treinta segundos y después nos recuperamos durante noventa segundos. Esto podría suponer caminar rápidamente alternando con caminar lentamente. Mi favorito es una clase de intervalos que incorpora ejercicios de step aeróbico y alterna con levantar pesas. Este breve tipo de ejercicio puede aumentar el nivel de la hormona del crecimiento humano (HCH), lo cual ayuda a dormir mejor y también a perder peso, mejorar el tono muscular, reducir las arrugas y aumentar la energía. Cuanto más tiempo pueda mantener su cuerpo produciendo altos niveles de HGH, más tiempo experimentará una robusta salud y fortaleza.[31]

Qué hacer si tiene limitaciones físicas

Considere utilizar una cama elástica o una piscina si tiene limitaciones o discapacidades físicas. Para mis recomendaciones sobre productos concretos, consulte el Apéndice A.

Ejercicios de estiramiento, relajación y respiración

A lo largo de la historia, muchas sociedades han ideado ejercicios que están pensados para fortalecer y estirar el cuerpo a la vez que relajan y enfoca la mente. Algunas de estas técnicas tienen elaboradas filosofías relacionadas con ellas; sin embargo, la simple esencia de sus técnicas es estirar y relajar los músculos, además del control de la respiración, para que haya más oxígeno que llegue hasta las células, especialmente al cerebro, calmando y relajando así todo el cuerpo.

Los ejercicios de estiramiento y relajación pueden aumentar la flexibilidad, mejorar la relajación mental y física y mejorar la calidad del sueño. El estiramiento es algo que casi todo el mundo puede hacer, sin importar la edad o el nivel de capacidad. Movimientos suaves, respiración profunda y estiramientos largos son métodos ideales de aumentar la flexibilidad y la relajación. La ventaja del estiramiento es que fortalece el sistema nervioso y libera estrés y ansiedad. También fortalece y relaja los sistemas óseo, muscular, digestivo, cardiovascular y glandular, ayudando así a calmar cuerpo y mente. El cuerpo no es estimulado en exceso, como sucede con el ejercicio más vigoroso, haciendo que esta sea una buena elección hacia el final del día.

Pilates

El Pilates, una serie de ejercicios pensados para mejorar la flexibilidad y la fuerza mediante diversos movimientos de estiramiento y equilibrio, se ha vuelto cada vez más popular en los últimos años. Por lo general proporciona a las personas un aspecto más esbelto. Un régimen regular de Pilates da como resultado un estómago más plano, una cintura más delgada y muslos más esbeltos, al igual que mayor movilidad en las articulaciones. Pilates ayuda a mejorar la fuerza, el tono, la flexibilidad y el equilibrio, y hace que el cuerpo sea menos propenso a las lesiones. Reduce el estrés, libera tensión y aumenta la energía mediante el estiramiento profundo. También fortalece la espalda y la espina dorsal. Los fisioterapeutas recomiendan Pilates a quienes buscan rehabilitación después de lesiones en sus miembros. El Pilates está recomendado para todos: jóvenes, ancianos, sedentarios, quienes sufren osteoporosis y quienes tienen sobrepeso.

CÓMO CREAR EL CUERPO QUE SIEMPRE QUISO

Imagínese usted mismo dentro de seis meses con brazos y piernas flácidos, y desanimado por su aspecto. Está fatigado, olvidadizo, deprimido, y agarra toda "bacteria" que pasa por su lado. ¿Cómo se siente? Ahora imagínese usted mismo dentro de seis meses con un buen tono muscular, en su peso ideal o cercano a él, vigorizado con mucha energía, una actitud mental positiva y una salud vibrante. ¿Cómo se siente esta vez?

Las decisiones que toma hoy crearán el tono y la salud que tendrá en el futuro y el cuerpo que tendrá dentro de seis meses. Emprender la acción es clave. Si usted continúa en la misma rutina, obtendrá más de lo mismo, y nada cambiará. Es momento de seguir con un nuevo plan de acción. La investigación indica que las personas que tienen un estilo de vida activo parecen tener lo que puede llamarse "un futuro convincente". Esto significa que tener una imagen de un futuro positivo puede motivarle a hacer lo que sea necesario para convertir en realidad su futuro deseado.

Aquí está lo que puede hacer en este momento. Imagínese usted mismo dentro de un año. Llamaremos a eso su "yo futuro". Cuando vea su yo futuro con claridad, imagínese moviéndose y convirtiéndose físicamente en esa persona. Ahora dé un paso atrás y mire otra vez a su yo futuro. Pregunte a ese yo futuro qué es lo que quiere que usted comience a hacer ahora para tener un estilo de vida más activo y saludable que pueda crear ese yo futuro deseado. Cualquier cosa que diga su yo futuro, anótelo. Eche un vistazo a su alrededor. Observe a varias personas que sean más mayores que usted, y piense en ellas una a una. ¿Cuál de ellas se parece más a la persona que a usted le gustaría ser de ahora en cinco, diez, quince y veinte años? ¿Cuál está más cerca de vivir el estilo de vida que a usted le gustaría tener a esa edad? Escriba las actividades y los hábitos de salud que esa persona ha desarrollado.

Recuerde que cada día usted está creando una de dos imágenes: su yo mejor o peor. Las personas que crean el mejor futuro posible toman decisiones positivas continuas por causa de estar en forma, como exprimir vegetales cada día y hacer ejercicio durante treinta minutos o una hora tres o cuatro veces por semana. Con frecuencia utilizan las escaleras en lugar de un elevador y piden más ensaladas que bocadillos o pizza. Dan más paseos; pasan más tiempo en búsquedas positivas; y conocen sobre la gratificación diferida. Piensan en las consecuencias de las decisiones diarias y el modo en que esas decisiones les dirigen o les alejan hacia su mejor yo futuro.

Ahora recorte o haga un dibujo de su mejor yo futuro y otro de su peor yo futuro. Debajo de cada imagen escriba los buenos o malos hábitos que crearían a cada una de las personas. Ponga esos dibujos donde pueda verlos cada día. Cada mañana tome la decisión de escoger actividades y acciones que se corresponderán con crear su mejor yo. Las recompensas son inmensas. Vale la pena el esfuerzo. Cada noche vuelva a mirar los dos dibujos y evalúe hacia qué dibujo se movió ese día mediante sus acciones.

¿Qué tipo de cuerpo necesitará para completar sus metas y sus sueños? ¿Qué peso debería tener para alcanzar sus metas? ¿Qué nivel de salud necesita para cumplir su destino?

Su futuro está en sus propias manos: una decisión, quizá un trago de jugo o un bocado de comida cada vez.

Capítulo 7

Recetas para perder peso de fin de semana

L AS RECETAS DE jugos en este capítulo utilizan más verduras que frutas, y las frutas y verduras son principalmente de bajo glucémico. Puede cambiar cualquiera de las recetas para adaptarse a sus necesidades. Si hay algo a lo que es usted alérgico en una receta, puede omitirlo o sustituirlo por otro alimento. Si es usted diabético, prediabético, hipoglucémico, tiene un problema con la levadura tiene cáncer, puede que necesite omitir casi todas las frutas, con la excepción de limones y limas. Las bayas y las manzanas verdes están a continuación en la fila como las frutas con menos azúcar. Y el limón es un buen aditivo para casi todas las recetas; es también muy alcalino.

RECETAS DE JUGO DE VERDURAS PARA UNA SALUD VIBRANTE

Cóctel de arándanos y manzana

2 tazas de manzanas verdes orgánicas
¼-½ taza de arándanos frescos o congelados
½ limón, pelado
Un pedazo de 1 pulgada (2,5 cm) de raíz de jengibre
¼ taza de agua purificada (opcional)

Corte los productos para que encajen en el tubo de su licuadora. Licúe 1 manzana primero. Apague la máquina, añada los arándanos, ponga la tapa y después encienda la máquina y haga jugo. Siga con el limón, el jengibre y la segunda manzana. Añada agua como sea necesario. Remueva y ponga en un vaso; bébalo lo antes posible. Raciones: 1-2.

Maravilla de ajo

1 puñado de perejil
1 hoja de lechuga verde oscura, como romana
½ pepino, pelado
1 diente de ajo
3 zanahorias, bien frotadas, sin los extremos,
2 tallos de apio con hojas, al gusto

Enrolle el perejil en la hoja de lechuga. Haga jugo con el pepino, y después el perejil enrollado en la hoja de lechuga. Añada el ajo y póngalo en la licuadora junto con las zanahorias seguido por el apio. Mueva y ponga en un vaso. Raciones: 1-2.

Jengibre trenzado

4 zanahorias, bien frotadas, sin los extremos
1 puñado de perejil
1 limón, pelado
1 manzana
Un pedazo de 2 pulgadas (5 cm) de raíz de jengibre, pelada

Corte los productos para que encajen en el tubo de la licuadora. Haga jugo con los ingredientes y mueva. Eche en un vaso y bébalo cuanto antes. Raciones: 1-2.

Triple C

4 tallos de apio orgánico con hojas, al gusto
4 zanahorias, bien frotadas, sin los extremos
¼ de col verde pequeña

Corte los productos para que encajen en el tubo de la licuadora. Licúe los ingredientes y mueva. Eche en un vaso y bébalo cuanto antes. Raciones: 1-2.

Tomate y especias

2 tomates medianos
2 hojas verdes oscuras
2 rábanos
1 pequeño puñado de perejil
1 lima o limón, pelado si no es orgánico
Una pizca de salsa picante

Corte los productos para que encajen en el tubo de la licuadora. Licúe los ingredientes y mueva. Eche en un vaso y bébalo cuanto antes. Raciones: 1.

Cóctel refrescante de menta

2 tallos de hinojo con las hojas
1 pepino, pelado si no es orgánico
1 tallo de apio
1 manzana verde, como Granny Smith o Pippin
1 puñado de menta
1 pedazo de una pulgada de raíz de jengibre

Corte los productos para que encajen en el tubo de la licuadora. Licúe los ingredientes y mueva. Eche en un vaso y bébalo cuanto antes. Raciones: 1-2.

Bomba de remolacha, zanahoria y coco

4-5 zanahorias, bien frotadas, sin los extremos
1 remolacha pequeña con las hojas
½-1 taza de leche de coco
Una pizca de pimienta de cayena

Licúe las zanahorias y la remolacha. Eche en un vaso y añada la leche de coco y la pimienta de cayena. Remueva. Bébalo cuanto antes. Raciones: 2.

Delicia de jícama

Un pedazo de 2 pulgadas por 4-5 de jícama, bien frotada o
    pelada
½ manzana verde
½ pepino, pelado si no es orgánico
¼ de rábano japonés, recortado y frotado
1 pedazo de una pulgada de raíz de jengibre, frotado, pelado
    si está viejo
½ limón o lima, pelado si no es orgánico

Corte los productos para que encajen en el tubo de la licuadora.
Licúe los ingredientes y mueva. Eche en un vaso y bébalo cuanto
antes. Raciones: 1.

Sorpresa de rábano

5 zanahorias, bien frotadas, sin los extremos
1 pepino, pelado si no es orgánico, o 1 pedazo grande de jícama
5-6 rábanos
1 limón, pelado si no es orgánico

Corte los productos para que encajen en el tubo de la licuadora.
Licúe todos los ingredientes. Remueva el jugo y échelo en un
vaso. Sirva a temperatura ambiente o frío, al gusto. Raciones: 1.

Mezcla de verduras de raíz

3-4 zanahorias, bien frotadas, sin los extremos
1 pepino, pelado si no es orgánico
½ remolacha, bien frotada, con tallos y hojas
1 colirrábano, con hojas
1 limón, pelado si no es orgánico
½ manzana (la verde tiene menos azúcar)
Un pedazo de 1 pulgada de raíz de jengibre, pelada

Corte los productos para que encajen en el tubo de la licuadora. Licúe los ingredientes y mueva. Eche en un vaso y bébalo cuanto antes. Raciones: 1-2.

Cóctel sur de la frontera

1 tomate mediano
1 pepino, pelado si no es orgánico
1 puñado de cilantro
1 lima, pelada si no es orgánica
Una pizca de salsa picante (opcional)

Corte los productos para que encajen en el tubo de la licuadora. Licúe los ingredientes y mueva. Eche en un vaso y bébalo cuanto antes. Raciones: 1.

Cóctel "Usted es amado"

3 zanahorias, bien frotadas, sin los extremos
2 tallos de apio, con hojas
1 pepino, pelado si no es orgánico
1 puñado de espinacas
1 limón, pelado si no es orgánico
½ remolacha, bien frotada, con tallos y hojas

Corte los productos para que encajen en el tubo de la licuadora. Licúe los ingredientes y mueva. Eche en un vaso y bébalo cuanto antes. Raciones: 1-2.

Tónico de primavera

1 tomate
1 pepino, pelado si no es orgánico
8 tallos de espárragos
Un puñado de verduras silvestres
1 limón, pelado si no es orgánico

Corte los productos para que encajen en el tubo de la licuadora. Licúe los ingredientes y mueva. Eche en un vaso y bébalo cuanto antes. Raciones: 1-2.

Salto de jengibre con un toque personal

5 zanahorias medianas, bien frotadas, si los extremos
1 manzana verde
Un pedazo de 1 pulgada de raíz de jengibre, pelada
½ limón, pelado si no es orgánico

Corte los productos para que encajen en el tubo de la licuadora. Licúe los ingredientes y mueva. Eche en un vaso y bébalo cuanto antes. Raciones: 1.

Mañana rosada

1 toronja grande rosada, pelada
½ manzana verde
Un pedazo de 1 pulgada de raíz de jengibre, pelada

Corte los productos para que encajen en el tubo de la licuadora. Licúe los ingredientes y mueva. Eche en un vaso y bébalo cuanto antes. Raciones: 1.

Tomate florentino

2 tomates
4-5 ramitas de albahaca
1 puñado grande de espinacas
1 limón, pelado si no es orgánico

Licúe un tomate. Envuelva la albahaca en varias hojas de espinacas. Apague la máquina y añada las espinacas y la albahaca. Vuelva a encender la máquina y póngale la tapa para licuar. Licúe el tomate restante y el limón. Remueva el jugo, échelo en un vaso y bébalo cuanto antes. Raciones: 1.

Cóctel de verduras

4 zanahorias, bien frotadas, sin los extremos
1 puñado de grelos o de otras hojas oscuras
1 limón, pelado si no es orgánico
Un puñado de 2 pulgadas de jícama, frotada o peladas y no
    es orgánica
1 puñado de berros
1 diente de ajo

Corte los productos para que encajen en el tubo de la licuadora.
Licúe los ingredientes y mueva. Eche en un vaso y bébalo cuanto
antes. Raciones: 1-2.

Waldorf con un toque personal

1 manzana verde
3 tallos de apio orgánico con las hojas
1 limón, pelado si no es orgánico

Corte los productos para que encajen en el tubo de la licuadora.
Licúe los ingredientes y mueva. Eche en un vaso y bébalo cuanto
antes. Raciones: 1-2.

Jugos verdes

Verde refrescante

1 pepino mediano o grande, pelado si no es orgánico
1 hoja grande de berza
1-2 tallos de apio
1 limón o lima, pelado

Corte los productos para que encajen en el tubo de la licuadora.
Licúe los ingredientes y mueva. Eche en un vaso y bébalo cuanto
antes. Raciones: 1-2.

Bomba verde

1 pepino, pelados y no es orgánico
4 hojas oscuras, como col, berza o acelga
1 taza de arándanos (si son congelados, descongelar antes)
1 manzana (la verde es más baja en azúcar
½ limón, pelado si no es orgánico

Corte los productos para que encajen en el tubo de la licuadora. Licúe la mitad del pepino. Enrolle las hojas verdes y pase por la licuadora con la otra mitad del pepino. Apague la máquina y añada las bayas, y después ponga la tapa. Encienda la máquina y licúe las bayas. Añada la manzana y el limón, y licúe. Remueva el jugo y bébalo cuanto antes. Raciones: 2.

Limonada verde

2 manzanas (la verde es más baja en azúcar)
½ limón, pelado si no es orgánico
1 puñado de sus hojas verdes favoritas

Corte los productos para que encajen en el tubo de la licuadora. Licúe los ingredientes y mueva. Eche en un vaso y bébalo cuanto antes. Raciones: 1.

Perejil vivaz

1 pepino, pelado si no es orgánico
1 zanahorias, bien frotada, sin los extremos
1 tallo de apio con las hojas
1 puñado de perejil
1 hoja de berza
1 limón, pelado si no es orgánico

Corte los productos para que encajen en el tubo de la licuadora. Licúe el pepino, la zanahoria y el apio. Amontone perejil y enrolle en la hoja de berza; póngalo en la licuadora y licúe. Después añada el limón y licúe. Remueva y eche en un vaso. Bébalo cuanto antes. Raciones: 1.

Súper bebida de brotes verdes

Nota: evite los brotes de alfalfa. La alfalfa se está convirtiendo en una de las principales cosechas GMO en el país.

1 pepino, pelado si no es orgánico
1 tallo de apio con las hojas, al gusto
1 puñado pequeño de brotes como brócoli o rábano
1 puñado grande de brotes de girasol
1 puñado pequeño de brotes de trigo sarraceno
1 limón, pelado si no es orgánico

Corte los productos para que encajen en el tubo de la licuadora. Licúe los ingredientes y mueva. Eche en un vaso y bébalo cuanto antes. Raciones: 1.

Recargador verde

1 pepino, pelado si no es orgánico
1 puñado de semillas de girasol
1 puñado de semillas de trigo sarraceno
1 puñado pequeño de brotes de trébol
1 hoja de berza
1 puñado grande de espinacas
1 lima, pelada si no es orgánica

Corte el pepino para que encaje en el tubo de la licuadora. Licúe la mitad del pepino primero. Amontone los brotes y envuelva en la hoja de berza. Apague la máquina y añádalos. Vuelva a encender la máquina y tapone con el resto del pepino para presionar suavemente los brotes y la berza, seguidos por las espinacas. Después licúe el pepino restante y la lima. Remueva los ingredientes, échelo en un vaso y bébalo cuanto antes. Raciones: 1-2.

Delicia verde

2 hojas de acelga suiza
1 tallo de apio
1 puñado de espinacas
1 puñado de perejil
1 manzana (la verde es más baja en azúcar)
½ limón, pelado si no es orgánico

Corte los productos para que encajen en el tubo de la licuadora. Enrolle las hojas de acelga y licúe con el tallo de apio. Añada las espinacas y perejil y licúe con la manzana y el limón. Remueva el jugo y bébalo cuanto antes. Raciones: 1.

Cóctel energético de verduras silvestres

1 pepino, pelado si no es orgánico
1 tallo de apio
1 puñado de verduras silvestres como diente de león, cardos, plantago, espinacas silvestre o acedera
1 manzana (la verde es más baja en azúcar)
1 limón, pelado si no es orgánico

Corte los productos para que encajen en el tubo de la licuadora. Licúe los ingredientes y mueva. Eche en un vaso y bébalo cuanto antes. Raciones: 1.

Cóctel de 3 verduras

2-3 hojas de colirrábano
1 hoja de berza
1 kiwi
1 tallo de apio
1 manzana (la verde tiene menos azúcar)
½ limón, pelado si no es orgánico

Corte los productos para que encajen en el tubo de la licuadora. Enrolle las hojas y póngalas en la licuadora con el kiwi y el tallo de apio. Añada la manzana y el limón, después licúe. Remueva el jugo y bébalo cuanto antes. Raciones: 1.

Verduras de vida

2 hojas de acelga
2 hojas de berza
1 puñado de perejil
1 pepino, pelado si no es orgánico
1 limón, pelado si no es orgánico

Enrolle las hojas, ponga el perejil en el interior de una hoja y licúe con el pepino, seguido por el limón. Remueva el jugo y bébalo cuanto antes. Raciones: 1-2.

Pase a verde

Varias hojas de remolacha
Varias hojas de colirrábano
2 tallos de apio
1 pepino, pelado si no es orgánico
3 zanahorias
1 pera
½ limón, pelado si no es orgánico

Ponga algunas hojas en la licuadora; alterne las hojas con el apio seguido por el pepino, la zanahoria, la pera y el limón. Remueva el jugo y bébalo cuanto antes. Raciones: 1-2.

Cóctel de rúgula

1 pepino, pelado si no es orgánico
1 puñado de rúgula
2 tallos de apio
Un pedazo de 1 pulgada de raíz de jengibre

1 limón, pelado si no es orgánico

Corte el pepino por la mitad. Licúe media parte del pepino.
Amontone la rúgula y pase la por la licuadora con la otra mitad
del pepino, seguido por el apio, la raíz de jengibre y el limón.
Remueva el jugo y bébalo cuanto antes. Raciones: 1.

Sorpresa de mostaza

3 zanahorias, bien frotadas, sin los extremos
2 tallos de apio
2-3 hojas de mostaza
1 pepino, pelado si no es orgánico
1 manzana (la verde es más baja en azúcar)

Licúe las zanahorias y el apio, enrolle las hojas de mostaza
y métalas en la licuadora. Licúe con el pepino y la manzana.
Remueva el jugo y bébalo cuanto antes. Raciones: 1-2.

Pasto de trigo light

1 manzana verde, lavada
1 puñado de pasto de trigo, enjuagado
½ limón, el lavado o pelado si no es orgánico
2-3 ramitas de menta, enjuagadas (opcional)

Corte los productos para que encajen en el tubo de la licuadora.
Comenzando con la manzana, licúe todos los ingredientes y
remueva. Eche en un vaso y bébalo cuanto antes. Raciones: 1.

Pasto de trigo con agua de coco

1-2 oz. (28-56 g) de jugo de pasto de trigo
8 oz. (23 cl) de agua de coco

Ponga el jugo de pasto de trigo en un vaso. Añada el agua de
coco y remueva. Raciones: 1.

Cóctel para limpiar el hígado

3 zanahorias, bien frotadas, sin los extremos
1 pepino, pelado si no es orgánico
1 remolacha con tallo y hojas, bien frotada
2 tallos de apio
1 puñado de perejil
Un puñado de 1-2 pulgadas de raíz de jengibre, frotada o pelada
1 limón, pelado si no es orgánico

Corte los productos para que encajen en el tubo de la licuadora. Licúe los ingredientes y mueva. Eche en un vaso y bébalo cuanto antes. Raciones: 1-2.

RECETAS PARA PERDER PESO

Cazagrasas de arándanos y pera

2 peras, Barlett o asiáticas
½ pepino, pelado si no es orgánico
¼ de limón, pelado si no es orgánico
2 cucharadas de arándanos rojos, frescos o descongelados si
    están congelados
½-1 pulgada de raíz de jengibre

Corte los productos para que encajen en el tubo de la licuadora. Licúe los ingredientes y mueva. Eche en un vaso y bébalo cuanto antes. Raciones: 1-2.

NOTA: Para hacerlo como batido, añada unos 6 cubitos de hielo y mezcle hasta que esté cremoso.

Amigo para perder peso

3-4 zanahorias, bien frotadas, sin los extremos
1 alcachofas de Jerusalén, bien frotada
1 pepino, pelado si no es orgánico
1 limón, pelado si no es orgánico

½ remolacha pequeña, bien frotada, con tallos y hojas

Corte los productos para que encajen en el tubo de la licuadora. Licúe los ingredientes y mueva. Eche en un vaso y bébalo cuanto antes. Raciones: 1-2.

Cócteles energéticos

Todas las recetas de jugos en este libro podrían ser consideradas energéticas, de modo que no sienta que está usted limitado esta sección se quiere aumentar su energía. He creado esta sección para atraer su atención al hecho de que los jugos frescos y crudos pueden mejorar mucho su energía. Todos ellos le ayudarán a aumentar los nutrientes y biofotones que vigorizan su cuerpo.

El vigorizante matutino

4 zanahorias, bien frotadas, sin los extremos
1 puñado de perejil
1 limón, pelado si no es orgánico
1 manzana (la verde tiene menos azúcar)
Un pedazo de 2 pulgadas de raíz de jengibre fresca, pelada

Corte los productos para que encajen en el tubo de la licuadora. Licúe los ingredientes y mueva. Eche en un vaso y bébalo cuanto antes. Raciones: 1.

Cóctel Energía para su día

1 manzana (la verde es más baja en azúcar)
2 hojas verdes oscuras (berza, repollo o col rizada)
1 tallo de apio con las hojas
1 limón, pelado si no es orgánico
½ pepino, pelado si no es orgánico
Un pedazo de ½-1 pulgada de raíz de jengibre fresca, pelada

Corte la manzana en pedazos que encajen en el tubo de la licuadora. Enrolle las hojas verdes y póngalas en el tubo con la manzana, el apio, el limón, el pepino y el jengibre. Remueva el jugo y eche en un vaso. Bébalo cuanto antes. Raciones: 1.

Cura para el ánimo

El jugo de hinojo se ha utilizado como un tónico tradicional para ayudar al cuerpo a liberar endorfinas, los péptidos del "buen ánimo", del cerebro al flujo sanguíneo. Las endorfinas ayudan a disminuir la ansiedad y el temor, y generan un estado de ánimo de euforia.

3 tallos de hinojo con las hojas
3 zanahorias, bien frotadas, sin los extremos
2 tallos de apio con las hojas, al gusto
½ pera
Un pedazo de 1 pulgada de raíz de jengibre, pelada

Corte los productos para que encajen en el tubo de la licuadora. Licúe los ingredientes y mueva. Eche en un vaso y bébalo cuanto antes. Raciones: 1-2.

Ánimo feliz en la mañana

½ manzana (la verde es más baja en azúcar)
4-5 zanahorias, bien frotadas, sin los extremos
3 tallos de hinojo con hojas y flores
½ pepino, pelado si no es orgánico
1 puñado de espinacas
Un pedazo de 1 pulgada de raíz de jengibre

Corte los productos para que encajen en el tubo de la licuadora. Licúe la manzana primero y siga con otros ingredientes. Remueva y eche en un vaso; bébalo cuanto antes. Raciones: 1-2.

Batidos
Batido bomba de bayas

1 pepino, pelado si no es orgánico

½ manzana

1 taza de bayas (arándanos, frambuesas o moras), frescas o
congeladas (descongelar)

3-4 hojas oscuras (berza, col suiza o col rizada)

Un pedazo de 1 pulgada de raíz de jengibre

½ limón, pelado si no es orgánico (los limones Meyers son
más dulces)

1 aguacate

Corte el pepino y la manzana en pedazos. Ponga el pepino, la
manzana y las bayas en una batidora y procese hasta que estén
cremosos. Corte las hojas y el jengibre y añada lo junto con el
jugo de medio limón; procese hasta que esté cremoso. Añada el
aguacate y procese hasta que estén bien mezclados. Raciones: 2.

Delicia verde de coco
(batido cazagrasa de la levadura)

1 pepino cortado en pedazos, pelado si no es orgánico

1 taza de espinacas, berza o col rizada crudas, partidas

1 aguacate, pelado, sin hueso y cortado en cuatro partes

½ taza de leche de coco

1 cucharadita de aceite de coco

Jugo de 1 lima o limón

Combine todos los ingredientes en una batidora y procese hasta
que esté cremoso. Raciones: 2.

Batido de berza y pera

1 pepino, pelado si no es orgánico
1 taza de berza
2 peras (asiáticas o Bartlett)
1 aguacate
6 cubitos de hielo

Trocee el pepino, la berza y las peras y póngalos en la batidora; procese hasta que estén suaves. Añada el aguacate y el hielo y mezcle hasta que esté cremoso. Raciones: 2.

Batido verde sano

1 pepino, pelado si no es orgánico
2 tallos de apio
1 puñado de berza, perejil o espinacas
1 manzana verde
½ limón, pelado si no es orgánico
6 cubitos de hielo

Trocee el pepino, el apio, las hojas y la manzana. Póngalos en la batidora con el limón y el hielo; procese hasta que esté cremoso. Raciones: 2.

Batido de almendra y vainilla germinados

1 taza de almendras crudas, remojadas en la noche
1 taza de leche de almendra sin endulzar
1 taza de bayas
½ cucharadita de vainilla
6 cubitos de hielo

Remoje las almendras en agua durante la noche para que retoñen. (Eso permite a la almendra germinar parcialmente, lo cual elimina los inhibidores de enzimas y aumenta el valor nutritivo). Mezcle las almendras, la leche de almendra, las bayas, la vainilla y el hielo. Échelo en vasos y sirva cuanto antes. Raciones: 2.

Delicia con sabor a nuez

10 almendras crudas

1 cucharada de semillas de girasol

1 cucharada de semillas de sésamo

1 cucharada de semillas de linaza

1 cucharada de semillas de chía (opcional)

1 taza de jugo de piña (licúe la mitad de una piña)

1 taza de perejil troceado

½ taza de leche a elegir

½ cucharadita de extracto de vainilla puro

1 cucharada de proteína en polvo (opcional)

6 cubitos de hielo

Ponga las almendras, semillas y jugo de piña en un bol; cubra y remoje durante la noche. Ponga esta mezcla junto con el jugo en una batidora y añada el perejil, la leche, la vainilla, la proteína en polvo (si se desea) y los cubitos de hielo. Mezcle a alta velocidad hasta que esté suave. Esta bebida será un poco correosa debido a las almendras y las semillas. Raciones: 2.

Batido de diente de león dulce de la Dra. Nina

1 pera, Bartlett o asiática

1 manzana (la verde tiene menos azúcar)

1 puñado grande de hojas de diente de león

1 taza de leche de coco

El jugo de ½ limón

¼ de taza de semillas de linaza

6 cubitos de hielo (opcional)

Ponga todos los ingredientes en una batidora y procese hasta obtener un batido cremoso. Raciones: 2.

Sopas

Sopa energética rápida

1 taza de jugo de zanahoria fresco (5-7 zanahorias medianas,
   o aproximadamente una libra (450 g), rinden 1 taza)
1 limón, pelado
1 pedazo de 1 pulgada de raíz de jengibre
1 aguacate, pelado y sin hueso
½ cucharadita de comino en polvo

Licúe las zanahorias, el limón y el jengibre. Ponga el jugo en una batidora. Añada el aguacate y el comino y mezcle hasta que esté suave. Servir frío. Raciones: 1.

Rica sopa energética de Cherie

2-3 zanahorias, frotadas
2-3 tallos de apio con las hojas, al gusto
½ pepino, pelado si no es orgánico
½ limón, pelado
1 puñado de perejil
Un pedazo de 1-2 pulgadas de raíz de jengibre, pelada
1 aguacate, pelado y sin hueso
Opciones de acompañamiento: calabacín rallado, maíz fresco
   troceado o brotes crujientes como chícharos, lentejas y
   frijoles

Licúe las zanahorias, el apio, el pepino, el limón, el perejil y la raíz de jengibre. Ponga el jugo en una batidora y añada el aguacate. Mezcle hasta que esté suave. Ponga en boles y sirva inmediatamente. Puede acompañar con cualquiera de las adiciones opcionales para obtener un acabado crujiente. Raciones: 2.

Batido ligero

1 pepino, pelado y cortado en pedazos
1 tallo de apio, licuado o troceado en pequeños pedazos
El jugo de 1 limón
½ cucharadita de piel de limón recién cortada

Ponga los pedazos de pepino en una bolsa para congelar y congele hasta que estén sólidos. Combine los pedazos de pepino en una batidora con el apio, el jugo de limón y la piel del limón. Mezcle a alta velocidad hasta que esté suave. Raciones: 1.

Borsh en crudo

6 tomates
2 remolachas
3 zanahorias
3 tallos de apio
2 cucharadas de jugo de limón
3 naranjas, peladas, o 1 durazno
1 cucharada de miel silvestre o cuatro dátiles, deshuesados
½ taza de aceite de oliva virgen extra
½ taza de perejil troceado
1-2 tazas de agua como se necesite
1 taza de nueces crudas
½ centro de una col y 1 remolacha, gratinadas y apartadas
    para después

Licúe los tomates, las remolachas, las zanahorias y el apio juntos. En una batidora, combine el jugo con el jugo de limón, las naranjas o el durazno pelados, edulcorante, aceite de oliva, perejil y agua, si es necesario. Pique las nueces, dejando una consistencia pequeña. Ponga en platos individuales y añada la col y la remolacha ralladas a cada plato. Raciones: 2.

Sopa de pimiento rojo

¼ de taza de agua
El jugo de ½ limón
1 pepino pequeño, pelado si no es orgánico
1 cebolla verde, troceada
⅓ de taza de perejil, troceado
⅓ de taza de cilantro, troceado
1 diente de ajo
2 cucharadas de aceite de oliva virgen extra
1 pizca de sal marina Celtic
1 pimiento rojo grande

Mezcle todos los ingredientes juntos en una batidora hasta que esté suave. Raciones: 2.

Gazpacho helado y picante

2 tomates, cortados en pedazos
1 taza de jugo de zanahoria fresco (unas 5-7 zanahorias)
1 limón, en jugo, pelado si se licúa
½ ramo de cilantro, lavado y troceado
¼ de cucharadita de sal marina Celtic
¼ de cucharadita de comino en polvo
¼ de jalapeño pequeño, troceado (más si le gusta picante)

Ponga los trozos de tomate en una bolsa para congelar y congele hasta que estén sólidos. Ponga los jugos de zanahoria y limón en una batidora y añada los trozos de tomate congelados, el cilantro, la sal, el comino y el jalapeño. Mezcle a alta velocidad hasta que esté suave, pero medio derretido; sirva inmediatamente. Raciones: 2.

Mezcla vegetal

2 tazas de agua o de caldo vegetal
1 taza de habichuelas, troceadas
1 taza de espárragos, troceados
2 zanahorias, troceadas
2 tallos de apio, troceados
½ cebolla, troceada
1 cucharadita de sal marina Celtic
Pizca de macis (opcional)

Ponga el agua o el caldo de verduras en una cazuela para sopa. Añada las verduras y caliente suavemente durante unos 10 minutos, o hasta que las verduras estén tan sólo ligeramente tiernas. Ponga en una batidora, añada la macis, sin utilizar, y la sal marina, y mezcle bien. Ponga en boles. Raciones: 2.

Sopa cremosa de pimiento rojo

3 pimientos rojos grandes
6 dientes de ajo
1 taza de leche de almendra, avena o arroz
1 cucharada de vinagre balsámico
2 cucharaditas de sal marina Celtic
6 hojas frescas de albahaca, enjuagadas
Acompañamiento: albahaca fresca troceada (opcional)

Cueza al vapor ligeramente los pimientos y el ajo durante unos 5 minutos o hasta que estén tiernos. Corte los pimientos en pedazos. Ponga la leche en una batidora y añada los pimientos, el ajo, el vinagre balsámico, la sal y la albahaca. Mezcle a alta velocidad hasta que esté suave. Ponga en boles y acompañé con albahaca fresca si lo desea. Sirva inmediatamente. Raciones: 1-2.

Desayunos después del fin de semana
Muesli de pasto de trigo

½ taza de jugo de naranja fresco

¼ de taza de miel silvestre o sirope de maple puro, ajustar
al gusto

2 cucharaditas de vainilla

1 cucharadita de canela

1 manzana, troceada (opcional)

1 taza de coco deshidratado

1 taza de almendras crudas troceadas

1 taza de nueces crudas troceadas

1 taza de semillas de girasol crudas

1 taza de semillas de sésamo crudas

1 taza de germen de trigo

2 tazas de avena de pasto de trigo germinado (ver receta)

Mezcle el jugo de naranja, la miel, la vainilla, la canela y la naranja
(si la utiliza) en una batidora. Aparte.

En un bol, ponga el coco, las almendras, las nueces, las semillas
de girasol y de sésamo, el trigo germinado y la avena de pasto de
trigo deshidratada. Ponga los ingredientes mezclados encima de
toda la mezcla y mueva bien para cubrir todos los ingredientes
secos.

Ponga montoncitos en hojas ParaFlexx. Deshidrate a 105
grados (40 grados C) durante unas 8 horas o hasta que la parte
de encima este crujiente. De la vuelta y deshidrate hasta que la
otra parte este crujiente. Rinde 6 tazas.

Muesli de manzana

½ taza de uvas pasas
¼ de taza de copos de avena
2 cucharadas de semillas de girasol
2 cucharadas de semillas de linaza
2 cucharadas de polen de abeja
1 cucharadita de ácido ascórbico (vitamina C en polvo)
½ taza de leche a elegir
½ taza de manzana troceada
½ cucharadita de extracto de canela o canela en polvo

Ponga las pasas, la avena, las semillas de girasol y de linaza, el polen de abeja y el ácido ascórbico en un bol y cubra con leche. Cubra el bol y deje que se remoje durante la noche en el refrigerador. Añada la manzana troceada y la canela antes de servir. Rinde aproximadamente 1 taza y media.

Muesli de limón

¼ de taza de copos de avena
¼ de taza de uvas pasas
2 cucharadas de almendras
2 cucharadas de semillas de linaza
½ cucharadita de ácido ascórbico (vitamina C en polvo)
½ taza de leche a elegir
1 cucharada de jugo de limón fresco
1 cucharadita de piel de limón recién cortada, preferiblemente
    orgánica

Ponga la avena, las pasas, las almendras, las semillas de linaza y la vitamina C en un bol; eche la leche por encima. Cubra el bol y refrigere durante la noche. Añada el jugo de limón y la cáscara y remueva antes de servir. Rinde aproximadamente 1 taza.

Sémola de pasto de trigo germinado

Ponga 1 taza (o cuanto quiera) de sémola de pasto de trigo crudo en un bol o germinador. Añada 2-3 veces más de agua fría y purificada. Mueva las semillas para asegurar que todas están en contacto con el agua. Deje que se remoje durante 1-2 horas. Nota: la sémola toma toda el agua que necesita rápidamente, razón por la cual su tiempo de remojo es breve. No remoje en exceso ya que se llena de agua si se remoja durante mucho tiempo y no germinará. Quite el agua. Enjuague bien con agua fría. La sémola crea un agua muy almidonada; ¡es muy gruesa! No germinará bien a menos que sea enjuagada bien, así que enjuague hasta que el agua esté clara. Puede ponerla en el germinador en este momento o simplemente poner la sémola en un escurridor y cubrir con un trapo de cocina. Aparte de la luz solar directa a temperatura ambiente (70 grados es óptimo). Enjuague de nuevo en 4-8 horas. Rinde aproximadamente 1 taza y media de sémola.

Para sus cereales en la mañana, el pasto de trigo germinado va muy bien con leche de arroz, avena o almendra y una pizca de almendras molidas y canela.

"Beicon" sin culpa

¼ de taza de aceite de oliva virgen extra
4 cucharadas de vinagre de manzana
2 cucharadas de miel silvestre
1 cucharadita de pimienta negra en polvo
1 berenjena, troceada en tiras finas

Mezcle el aceite de oliva, el vinagre, la miel y la pimienta, y marine las tiras de berenjena durante al menos 2 horas en la mezcla. Después ponga las tiras en una hoja para deshidratar y deshidrate durante 12 horas a 105-115 grados (40-46 grados C). Dé la vuelta a las tiras y deshidrate otras 12 horas.

Ensaladas

Verde de calabacín y nueces

1 cabeza de brócoli (ponga ligeramente los floretes pálidos de
brócoli debajo de agua caliente del grifo hasta que tomen
un color verde brillante)

2 calabacines pequeños, troceados finalmente en el robot
de cocina

1 pimiento rojo finamente troceado

2 tazas de hojas de lechuga romana troceada

½ taza de nueces, troceadas

Aliño de jengibre y lima (ver receta)

Mezcle los tres primeros ingredientes en un bol. Después ponga
las verduras sobre la cama de hojas. Rocíe con las nueces. Vierta
el aliño sobre la ensalada. Raciones: 4.

Ensalada de hinojo y manzana con cáscara de limón

2 tazas de hinojo, cortados en juliana fina

2 tazas de manzanas, cortadas en juliana fina

2 cucharadas de jugo de limón fresco

2 cucharadas de cáscara de limón

2 cucharadas de aceite de oliva virgen extra

2 cucharadas de tomillo fresco picado

1 rebaja fina de jalapeño, picado

1 cucharadita de sal marina Celtic

Ponga el hinojo y las rodajas de manzana en un bol; deje aparte.
En un bol pequeño, mezcle el jugo de limón, la cáscara, el aceite
de oliva, el tomillo, el jalapeño y la sal. Rocíe la mezcla con el
aliño y remueva. Raciones: 4.

Ensalada de invierno

1 toronja grande
2 bulbos pequeños de hinojo fresco, recortados y verticalmente
    cortados muy finos (guardar las partes descartadas para jugo)
1 taza de perejil fresco, troceado
Aliño de limón y jengibre (ver receta)

Pele la toronja y quite la parte blanca. Separe en segmentos y corte en pedazos. Combine la toronja, el hinojo y el perejil. Añada aliño al gusto y remueva. Raciones: 2.

Ensalada de col rusa de la Dra. Nina

4 tazas de col en tiras
1 taza de zanahoria rayada
½ taza de hojas de diente de león o berro, troceadas
4 dientes de ajo, picados
El jugo de ½ limón
¼ de taza de aceite de oliva virgen extra

Ponga en un bol la col, la zanahoria, las hojas y el ajo; deje aparte. En un bol pequeño, mezcle el jugo de limón y el aceite de oliva. Rocíe sobre la mezcla de col y remueva bien. Raciones. 4.

Ensalada de quinoa germinada

2 tazas de quinoa germinada
2 aguacates, en dados
2 tomates, en dados
1 diente de ajo picado
½ de taza de cilantro troceado (opcional)
3 cucharadas de levadura nutricional
1 cucharadita de comino
½ cucharadita de sal marina Celtic
El jugo de 1 lima

Remoje la quinoa durante la noche y después germine durante 2 días. Ponga la quinoa en un bol con los ingredientes restantes. Mover y servir sobre una cama de hojas verdes o en burritos crudos. Raciones: 4.

Ensalada de brócoli y coliflor

1 taza de cabezas de brócoli
1 taza de cabezas de coliflor
½ cebolla roja, troceada
1 zanahoria, troceada
½ cucharadita de sal marina Celtic
Una pizca de eneldo
½ taza de Mayonesa de anacardos (ver receta)

Ponga todos los ingredientes excepto la mayonesa en el robot de cocina y trocee hasta que se parezcan a una "ensalada de col". Mezclar con Mayonesa de anacardos. Raciones: 2.

ALIÑOS, SALSAS Y CONDIMENTOS

Aliño de sésamo

½ taza de aceite de sésamo
1 cucharada de jengibre gratinado
1 cucharada de tamari
4 dientes de ajo picados
¼ de taza de vinagre de arroz
1 cucharada de sirope de maple puro
1 cucharadita de mostaza
Una pizca de pimienta de cayena
¼-½ taza de agua purificada, al gusto

Ponga todos los ingredientes en una batidora y mezcle hasta que estén suaves. Rinde aproximadamente 1¼ tazas.

Salsa de girasol y eneldo

2 tazas de semillas de girasol crudas, remojadas durante
   8-12 horas
⅔ de jugo de limón o 1 pepino, pelado
⅓ de aceite de oliva virgen extra
2 cucharadas de ajo picado
1 cucharadita de sal marina Celtic
6 cucharadas de eneldo fresco y picado o 2 cucharadas de
   eneldo deshidratado

En una batidora a velocidad alta, mezcle las semillas de girasol,
el jugo de limón o el pepino, el aceite de oliva, el ajo y la sal hasta
que estén suaves. Mezcle el eneldo con el botón de pulsación.
Puede añadirse más pepino para obtener la consistencia deseada
si es necesario. Rinde aproximadamente 3 tazas.

Aliño de jengibre y lima

¼ de taza de jugo de lima fresco
¼ de taza de aceite de sésamo
¼ de taza de agua purificada
2 cucharadas de tamari
2 cucharadas de menta fresca
2 cucharadas de cilantro fresco
1 cucharaditas de raíz de jengibre
1 rodaja fina de pimiento rojo o un toque de pimienta de cayena
1 cucharadas de sirope de maple puro
1 cucharaditas de sal marina Celtic

Combine todos los ingredientes en una batidora y mezcle bien.
Rinde aproximadamente 1 taza.

Aliño de limón y jengibre

2 limones, el jugo
Un pedazo de 2 pulgadas (5 cm) de raíz de jengibre, rayada
½ taza de aceite de oliva virgen extra
2 dientes de ajo, pelados y aplastados
3 cucharadas de miso
2 cucharadas de shoyu
2-3 cucharadas de miel silvestre o sirope de maple puro

Mezcle todos los ingredientes en una batidora. Si es necesario, añada agua para aclarar. Rinde 1 taza.

Mayonesa de anacardos

1 taza de anacardos crudos, remojados durante la noche
El jugo de 1 limón
1 cucharaditas de sal marina Celtic
½ cucharadita de cebolla en polvo
½ cucharadita de hojas de eneldo
Agua como se necesite

Ponga todos los ingredientes en una batidora con agua que apenas cubra los anacardos. Mezcle hasta que esté suave. Pruebe y ajuste la sazón si es necesario. Rinde aproximadamente 1½ tazas.

Mayonesa de almendra cruda

2 tazas de almendras crudas, remojadas durante la noche
4 cucharadas de sirope de maple puro o sirope de agave
    (también llamado néctar de agave)
½ taza de agua
El jugo de 2 limones
1 cucharadita de cebolla, ajo en polvo
1 cucharadita de sal marina Celtic
¼ de taza de albahaca fresca
¼ de taza de aceite de oliva virgen extra (opcional)

En un robot de cocina, mezcle cuidadosamente las almendras con el sirope de maple, el agua y el jugo de limón. Añada los ingredientes restantes. Si la mezcla necesita ser espesada, añada lentamente aceite de oliva mientras lo procesa. Rinde aproximadamente 8 raciones.

Salsa mexicana de almendras

1 taza de almendras, remojadas
½-1 taza de sal marina Celtic
½ cebolla dulce pequeña
½ diente de ajo sin el centro
¼ de cucharadita de chile en polvo
¼-½ cucharadita de comino
Agua, como se necesite para la consistencia deseada

Remoje las almendras, cubiertas, un día antes, cambiando una vez el agua. Mezcle todos los ingredientes en un robot de cocina. Sirva sobre hojas de lechuga romana con Tortillas verdes del chef Avi Dalene (ver receta) o con Sorprendentes galletas de maíz (ver receta). Rinde aproximadamente 1¼ de taza.

Kétchup sano

Los estudios sobre el tomate han brotado como hongos por todo el mundo. Es rico en licopeno, un antioxidante que ayuda a luchar contra la formación de cáncer celular y también otros tipos de complicaciones de la salud y enfermedades.

1 taza de tomate troceado
1 taza de tomates secos al sol, remojados durante 30 minutos, sin agua y troceados
1 cucharadas de ajo fresco, picado
10 hojas frescas de albahaca
3 dátiles, sin hueso
¼ de taza de aceite de oliva virgen extra

1 cucharadas de shoyu o 1 cucharadita de sal marina Celtic

1-2 cucharadas de vinagre de manzana Bragg sin filtrar

Mezcle todos los ingredientes hasta que formen una pasta. Rinde aproximadamente 2½ tazas.

Salsa pesto

½-¾ de taza de piñones orgánicos crudos

¼ de taza de albahaca fresca orgánica, sin tallos

2 cucharadas de aceite de oliva virgen extra

1-2 cucharadas de jugo de limón fresco

1-2 dientes de ajo

1 cucharadita de sal marina Celtic

¼ de taza de agua purificada, reservada

Añada todos los ingredientes a un robot de cocina o batidora. Emplee el botón de pulsación en el robot o la batidora, añadiendo una cucharada de agua cada vez para ayudar a facilitar la mezcla y a fin de alcanzar la consistencia deseada para la salsa. Rinde aproximadamente 1¼ de taza.

Salsa de queso con nueces

1 taza de nueces de macadamia y 1 taza de piñones crudos, remojados, o 2 tazas de anacardos, remojados (los anacardos son un poco más dulces y por lo general menos caros)

½ taza de jugo de limón fresco

1½ cucharadas de sal marina Celtic

1 cucharada de ajo, troceado

½ cucharadita de granos de pimienta (opcional)

Agua purificada como se necesite (normalmente entre ¼ y ½ taza)

Remoje las nueces primero durante varias horas. Mezcle todos los ingredientes hasta que estén muy cremosos. Mezcle aproximadamente 3 o 4 minutos para obtener la salsa más cremosa. Añada agua si es necesario. Esta salsa se mantendrá 3 días en el refrigerador en un recipiente tapado. Rinde 1½ tazas.

Salsa marinara

1 taza de tomates secados al sol

1½ tazas de salsa de tomates

2 cucharadas de cebolla troceada

2 dientes de ajo, pelados

2 cucharadas de aceite de oliva virgen extra

½ taza de jugo de limón fresco

Sal marina Celtic, al gusto

Combine todos los ingredientes en una batidora y procese hasta obtener la consistencia deseada. Rinde aproximadamente 3 tazas.

Relleno de almendras

2 tazas de almendras, remojadas 7-8 horas, bien enjuagadas

1 zanahoria, sin los extremos y peladas, troceadas (si se utiliza un robot de cocina)

2 tallos de apio, sin los extremos, finamente picados

1 pimiento rojo mediano, finamente picado, sin semillas ni vainas

1 cebolla pequeña, finamente picada

Utilizando una batidora con una hoja en blanco como la Champion o la Omega, o un robot de cocina, homogenice las almendras y la zanahoria, removiendo en un bol grande. O ponga las almendras remojadas y la zanahoria en un robot de cocina y mezcle hasta que estén homogéneos. A esta mezcla añada el apio, el pimiento rojo y la cebolla. Amase con cuidado, integrando todos los ingredientes con sus manos. Rinde aproximadamente 3 tazas.

Alimentos deshidratados

Los alimentos deshidratados son estupendos aperitivos para llevar al trabajo, los viajes y para los almuerzos de los niños. Le ayudan a perder peso mucho más fácilmente porque ofrecen satisfacción al gusto sin tener muchas calorías. No es necesario mucho tiempo para prepararlos, y las recompensas son grandes.

Observará que la temperatura de deshidratación es de 105 grados (40 grados C) para casi todos los alimentos deshidratados, la cual conserva nutrientes, vitaminas y enzimas. Hay varias escuelas de pensamiento en cuanto a cuál es la mejor temperatura (entre 105 y 118 grados, o 40 y 47 grados C) para preservar la mayoría de enzimas y vitaminas. Cuando tenga dudas, escoja la menor temperatura en su deshidratador. (Si necesita un deshidratador, consulte el Apéndice A).

Chips de berza picante

1 ramillete de berza rizada
¼ de taza de vinagre de manzana o vinagre de coco
¼ de taza de jugo de limón fresco
¼ de taza de aceite de oliva virgen extra
Una pizca de pimienta de cayena o copos de pimiento rojo
2 cucharaditas de ajo, troceados o triturados
½ cucharadita de sal marina Celtic

Lave la berza y después córtela en tiras de 3 pulgadas (7 cm) y ponga aparte para secar. Añada el vinagre, el jugo de limón, el aceite de oliva y la pimienta de cayena o los copos de pimiento rojo a una batidora y procese a alta velocidad hasta que todos estén bien combinados. Ponga el marinado en un bol. Después moje las hojas de berza en el marinado una a una y frote la hoja con el marinado. Quite el exceso de marinado y ponga los trozos de berza en hojas de deshidratador ParaFlexx. Rocíe con el ajo y la sal marina, y deshidrate durante 4 a 8 horas a 105 grados (40 grados C) o hasta que estén crujientes. (Los trozos se harán más pequeños a medida que se secan). Rinde aproximadamente 4 bandejas de chips.

Galletas de linaza

2 tazas de semillas de linaza

1 pimiento rojo

1 zanahoria

½ taza de tomates secos al sol

2 tazas de tomates frescos

El jugo de 1 limón

1 diente de ajo fresco

1 cucharada de shoyu o aminos líquidos Bragg o 1-2 cucharaditas de sal marina Celtic

Mezcle todos los ingredientes en un robot de cocina. Añada agua si la mezcla está demasiado seca. Aplaste la mezcla en una hoja ParaFlexx formando un cuadrado grande que cubra la hoja. Asegúrese de que la mezcla no sobrepase en altura ⅛ de pulgada. Cuanto más gruesa sea la galleta, más difícil es de masticar y más tiempo es necesario para que se seque. Con un cuchillo o espátula, corte al tamaño que le gustaría obtener antes de deshidratar (un cuadrado típico es 3 x 3). Deshidrate alrededor de los 105 grados (40 grados C) durante la noche; dé la vuelta cuando un lado esté seco. Deshidrate hasta que esté completamente seco. Guarde en un contenedor hermético. Rinde aproximadamente 27 galletas.

Aperitivos de Nan de zanahoria y linaza al curry

½-1 taza de semillas de linaza molidas

1½ tazas de jugo de zanahoria

½-1 taza de agua tibia

Raíz de jengibre de ½ pulgada

1-2 cucharaditas de cáscara de naranja

1 diente de ajo

½ cucharadita de sal marina Celtic
1 cucharada de cebolla, picada
1 cucharadita de cilantro seco

Remoje las semillas de linaza durante 2 o más horas. Mientras se están remojando las semillas, licúe las zanahorias para obtener 1 ½ tazas de jugo. Ponga el jugo en una batidora o robot de cocina. Añada todos los demás ingredientes y mezcle hasta que estén bien combinados. La mezcla debería tener la consistencia de masa para tortillas. Añada agua si es necesario si está demasiado seca. Ponga en una bandeja ParaFlexx. Corte al tamaño de galleta deseado. Deshidrate a 105 grados (40 grados C) hasta que esté crujiente y se rompa fácilmente en pedazos. Rinde aproximadamente 12 galletas.

Aperitivo de Nan de bayas verdes sabrosas

1 taza de uvas verdes
1 taza de moras
1 taza de frambuesas o fresas
Rodaja de ¼ de pulgada de limón orgánico con cáscara
Pedazo de jengibre de ½ pulgada
1 manzana grande Granny Smith, troceada
2-3 cucharadas de cebada verde en polvo (marca a elegir)

Mezcle las uvas en una batidora o robot de cocina. Añada los ingredientes restantes y procese hasta que estén bien combinados. Seque ligeramente y maneje para tener la opción de fruta enrollada. Rinde aproximadamente 12 galletas.

Opción: para que sea súper sabroso, abra y rocíe 3 bolsitas de té de Celestial Seasons Red Zinger o té de hierbas Berry Zinger a la mezcla.

Galletas de verduras y frutos secos

1½ tazas de almendras, remojadas durante la noche

1½ tazas de semillas de girasol, remojadas 1-2 horas

1 taza de semillas de calabaza, remojadas 1-2 horas

7-8 tazas de pulpa vegetal (2 calabacines, 4 zanahorias rayadas
o la pulpa restante de licuar cuatro zanahorias, dos tallos de
apio, dos pimientos rojos, 1 cebolla roja pequeña troceada)

2 tomates pequeños Roma, troceados

½ taza de albahaca fresca troceada

½ taza de cilantro troceado

El jugo de ½ limón

3 cucharaditas de aliño vegetal

½ cucharadita de pimienta de cayena

2-3 cucharaditas de sal marina Celtic

2 cucharaditas de eneldo seco

Quite el agua de las semillas y los frutos secos. Ponga las almendras en un robot de cocina y añada las semillas de girasol y de calabaza; use la cuchilla S y procese hasta obtener una consistencia suave. Deje aparte en un bol.

Ponga todas las verduras troceadas o rayadas en el robot de cocina; añada los tomates Roma, la albahaca, el cilantro y el jugo de limón. Añada la mezcla de verduras a la mezcla de semillas y frutos secos y combine bien. Añada especias y mezcle bien.

Extienda sobre hojas de ParaFlexx con un grosor de ⅓ pulgada, y corte antes de deshidratar. Deshidrate durante 16-20 horas a 105 grados (40 grados C). El tiempo variará. Rinde aproximadamente 36 galletas.

Sorprendentes galletas de maíz

½ taza de semillas de linaza, remojadas 4-8 horas en 2 tazas de agua purificada

½ taza de almendras crudas, remojadas, cubiertas 8 horas en agua purificada

2 tazas de maíz fresco sacado de la mazorca (unos 6 granos de maíz)

2 cucharadas de comino en polvo

2 cucharadas de cebolla dulce picada

1-2 cucharaditas de sal marina Celtic

Mezcle las semillas de linaza y las almendras en un robot de cocina; añada los otros ingredientes y procese hasta que la mezcla tenga la consistencia de masa para tortillas. Ponga aproximadamente 1 cucharada de mezcla en las hojas ParaFlexx y dé forma de espiral con una cuchara hasta que sea una capa delgada y redonda, o cubra unas 4 hojas ParaFlexx con masa extendida muy fina. Deshidrate durante 10-20 horas, dependiendo de lo crujiente que se desee. Si ha cubierto las hojas ParaFlexx, puede cortar galletas con la forma deseada cuando se seque. También puede cortar tiras para ensaladas. Rinde aproximadamente 36 galletas.

Pan plano de tomate

1 taza de almendras, remojadas durante la noche

2 tazas de granos de trigo o sémola de avena, remojadas durante la noche

1 diente de ajo

1 taza de semillas de linaza molidas

1 taza de puré de tomate (hecho con tomates frescos)

1 taza de agua

La noche antes, remoje las almendras y el grano (por separado). Cuando esté preparado para hacer el pan, quite el agua a cada uno.

En un robot de cocina, mezcle el ajo y las almendras hasta que estén bien molidos. Póngalo en un bol grande. Ponga la sémola de trigo o de avena en el robot y mezcle hasta que se cree un puré. No siga procesando cuando llegue a esa etapa. Póngalo en el bol con las almendras y el ajo. Añada las semillas de linaza y remueva hasta que se combinen bien. Añada el puré de tomate y agua; mezcle bien. Extienda en dos hojas ParaFlexx con un espesor de ¼ de pulgada. Corte al tamaño deseado. Deshidrate durante una hora a 140 grados (60 grados C). Reduzca el calor a 105 grados (40 grados C) y siga secando durante otras 8 horas o hasta que alcance la sequedad deseada. Rinde aproximadamente 18 galletas.

PLATOS PRINCIPALES
Halibut con ajo Dijon

1-1½ libras de halibut, cortado en 4 pedazos
¼ de taza de jugo de limón
   Sal marina Celtic y pimienta al gusto

Aderezo

2 cucharadas de mayonesa
2 cucharadas de cebollas verdes, troceadas
2 cucharaditas de jugo de limón fresco
2 dientes de ajo, aplastados o picados
1 cucharadita de mostaza Dijon
¼ de cucharadita de salsa picante o una pizca de pimienta
   de cayena

En cada lado del halibut, haga 3 cortes diagonales de 2 pulgadas de longitud y ½ pulgada de profundidad. Ponga el halibut en un plato plano y rocíe con el jugo de limón. Marine durante 30 minutos a temperatura ambiente. Precaliente el horno a 450 grados (230 grados C). Ponga el pescado en una sartén asadora y rocíe con jugo de limón del marinado. Ase el pescado durante

15 minutos, o hasta que esté opaco en el centro. Mientras se hace el pescado, combine la mayonesa, las cebollas verdes, el jugo de limón, el ajo, la mostaza y la salsa picante o cayena. Mezcle bien. Quite el pescado del horno cuando esté hecho. Ponga el horno en asado. Rocíe el pescado con sal y pimienta. Cubra el pescado con el aderezo y ase durante 2 minutos, o hasta que el aderezo tenga un color dorado. Raciones: 4.

Enchiladas de calabaza y rúgula

La calabaza alargada es mi favorita en esta receta. Presenta una piel amarilla con rayas verdes con forma alargada. Una porción de ¾ de taza contiene solamente 30 calorías, de modo que es una estupenda elección si quiere perder peso. Es también una buena fuente de vitamina C y carotenos. Añadir rúgula o berro le da un ejemplo de combinar alimentos cocinados y vivos.

2 calabazas alargadas, 1 calabaza redonda o ¼ de crema de
    calabaza (se puede sustituir por otra calabaza de invierno,
    batatas o boniato)
1 taza de arroz integral, cocinado
1 cucharada de aceite de coco virgen
4-6 tortillas (de grano integral germinado, espelta o sin gluten)
½-1 taza de rúgula, troceada
Sal y pimienta al gusto

Hornee la calabaza alargada en el horno precalentado a 400 grados (200 grados C) durante 30 minutos o hasta que esté tierna pero no suave. Añada agua con una pulgada de profundidad al recipiente, y la calabaza se cocina más rápidamente. Mientras la calabaza se está horneando, cocine el arroz. (Si quiere carne en este plato, puede reducir el arroz a ½ taza y añadir ½ libra de carne molida cocinada). Cuando la calabaza esté tierna, sáquela del horno y córtela por la mitad. Si no utiliza calabaza alargada, quite las semillas y pele; sin embargo, si utiliza calabaza alargada y la piel está tierna, no necesita pelarla. Corte la calabaza en pedazos y mezcle con el arroz; añada aliño al gusto y póngala aparte; manténgala caliente.

En una sartén grande, caliente el aceite. Caliente las tortillas una a una hasta que estén calientes y ligeramente doradas, pero tenga cuidado de no cocinar en exceso, pues se volverán crujientes y no se enrollarán con forma de enchilada. Ponga 2-3 cucharadas de la mezcla de arroz y calabaza en el centro de cada tortilla y extienda de un lado a otro. Añada rúgula a esa mezcla, añadiendo sal y pimienta al gusto, y enrolle cada lado hacia el centro. Sirva caliente. Raciones: 4-6.

Pimientos rellenos

6 zanahorias medianas, troceadas
1-2 tallos de apio, troceados
1 aguacate grande o dos pequeños, maduros
1 cucharadita de dulse o sal marina Celtic
½ taza de pepino troceado
½ taza de tomate troceado
½ cucharadita de comino
1 pimiento grande rojo o amarillo
Semillas de girasol crudas para el aderezo

Ponga las zanahorias y el apio en un robot de cocina y procese hasta alcanzar consistencia de pulpa, o use la sobra de pulpa de la zanahoria y el apio del jugo. Ponga la pulpa en un bol. Quite la carne del aguacate(s) y utilizando un tenedor, aplaste el aguacate en la pulpa de la zanahoria y el apio. Añada el dulse o sal, pepino, tomate y comino, y mezcle bien. Corte el pimiento por la mitad; quite las semillas y rellene con la mezcla de zanahoria y aguacate. Cubra cada pimiento relleno con una cucharadita de semillas de girasol. Raciones: 2.

Ensalada brillante "sin huevo" o rollitos de ensalada brillante "sin huevo"

½ taza de agua pura

½ taza de jugo de limón fresco

1½ cucharaditas de cúrcuma

1 cucharadita de sal marina Celtic, ajustar al gusto

1½ tazas de nueces de macadamia o anacardos (más dulce con anacardos)

½ taza de cebolla verde, en dados

½ taza de apio, en dados

⅓ de taza de pimiento rojo, en dados (opcional)

Ponga todos los ingredientes (excepto los dados de cebolla verde, apio y pimiento rojo) en un robot de cocina, con una cuchilla S. Procese hasta que esté muy suave. Páselo a un bol y añada la cebolla verde, el apio y el pimiento rojo. Mezcle bien.

Sírvalo como salsa con verduras o póngalo en hojas de lechuga romana para obtener un envuelto fácil y rápido. Puede servirse también como aperitivo. Corte rodajas de pepino en diagonal y sitúelas en el plato de servir. Ponga una cucharadita de Ensalada brillante "sin huevo" en cada rodaja de pepino. Aderece con ramitas de perejil fresco o cebolla verde en rodajas. Rinde 16-20 aperitivos; 8-10 como sándwich enrollado.

Salsa de zanahorias con espárragos y chícharos frescos sobre arroz

1 taza de arroz integral o quinoa

1½ tazas de jugo de zanahoria (unas 8-11 zanahorias)

½ taza de anacardos crudos

2 cucharadas de miso blanco o amarillo

1 libra (450 g) de espárragos frescos

½ taza de chícharos frescos o congelados

2 cebolletas, troceadas

¼ de taza de marinado de mitades de tomate secado al sol,
en rodajas finas

2 dientes de ajo, aplastados

3 cucharadas de albahaca fresca, finamente troceada

Cocine el arroz integral o la quinoa según las indicaciones.
Mientras se está cocinando el arroz, combine el jugo de zanahoria,
los anacardos y el miso en una batidora o robot de cocina,
mezclando a alta velocidad hasta que los anacardos ya no estén
duros y la mezcla sea suave y cremosa. Quite los extremos de
los espárragos. Corte la parte superior tierna en pedazos de 1
pulgada (2,5 cm). En una sartén de tamaño medio, combine la
mezcla de jugo de zanahoria y espárragos. Lleve a ebullición y
después reduzca el calor, removiendo ocasionalmente durante 2-3
minutos. Añada los chícharos y cocine hasta que los espárragos
estén tiernos, aproximadamente 2 minutos. Añada las cebolletas,
los tomates secos y el ajo, mezclando bien; cocine durante 1-2
minutos. Quite la sartén del calor.

Divida el arroz o quinoa en 4 partes. Cubra cada parte con ¼ de
la salsa y eche albahaca picada encima de cada parte. Raciones: 4.

Calabaza de Nicole redonda y rellena

1 calabaza redonda

½ taza de pavo molido de corral

¼ de taza de quinoa

1-2 dientes de ajo, aplastados

1 cucharadita de albahaca deshidratada

½-1 cucharadita de sal marina Celtic

½ cucharadita de comino

½ cucharadita de paprika

Ensalada de brócoli y coliflor (ver receta)

Tiras de pimiento rojo

Hornee la calabaza redonda a 400 grados (200 grados C) durante 20 minutos. Saque del horno; corte la calabaza por la mitad y quite las semillas. Vuelva a meter en el horno y hornee durante 25 minutos, o hasta que esté tierna. Añadir un poco de agua al recipiente acelerará el proceso de horneado.

Mientras se está horneando la calabaza, cocine el pavo molido y la quinoa en sartenes separadas. Cuando estén cocinados, ponga el pavo y la quinoa en un bol y añada la albahaca, la sal, el comino y la paprika. Remueva hasta que estén bien combinados. Ponga la mitad de la mezcla en cada mitad de la calabaza redonda. Cubra cada calabaza con una cucharada de Ensalada de brócoli y coliflor y varias tiras de pimiento rojo. Raciones: 2.

Hamburguesas de frutos secos de Cherie

½ taza de pacanas o nueces

¼ de taza de semillas de girasol

¼ de taza de semillas de cáñamo

½ taza de chía o semillas de linaza (bien molidas)

½ taza de tomates secos al sol, remojados durante 1 hora, sin agua y a rodajas

1 cucharada de jengibre, pelado y picado

2-3 dientes de ajo fresco, machacado o picado

1 cucharadita de sal marina Celtic

2 zanahorias, troceadas

1 tallo de apio, troceado

½ taza de pimiento rojo o amarillo, asado al vapor, sin semillas y troceado

½ taza de calabacín, troceado

¼-½ taza de dátiles, sin semillas y troceados

¼ de cebolla dulce, troceada

¼ de taza de perejil troceado

1 cucharada de jugo de limón fresco

1 cucharada de orégano fresco o una cucharadita deshidratado

1 cucharada de agua

Procese los frutos secos y las semillas de girasol en un robot de cocina hasta que estén finamente molidos. Añada las semillas de cáñamo y muela bien. Ponga aparte en un bol grande. Añada la chía o semillas de linaza a la mezcla de frutos secos y semillas molidas; renueva para mezclar.

Procese los tomates secos al sol, el jengibre, el ajo y la sal en el robot de cocina. Añada las zanahorias, el apio, el pimiento, el calabacín, los dátiles, la cebolla, el perejil, el jugo de limón, el orégano y el agua. Procese hasta que estén bien combinados, pero no blandos. Pase la mezcla vegetal a la mezcla de frutos secos y semillas molidas.

Vuelva a poner la mitad de la mezcla en el robot de cocina y apriete el botón de pulsación varias veces para mezclar bien. Póngalo en otro bol. Repita lo mismo con la mezcla restante.

Forme tortitas con ⅓ de la mezcla. Deshidrate las tortitas durante una hora a 140 grados (60 grados C). Reduzca la temperatura a 105 grados (40 grados C) y deshidrate durante 4 horas o hasta que la parte superior esté seca. Dé la vuelta a las tortitas y deshidrate otras 4 horas o hasta que esté tan seco como desee. Sirva con Kétchup sano (ver receta) y una rebanada de Pan plano de tomate (ver receta), como desee. Rinde aproximadamente 36 tortitas.

Enchiladas delicia brillante con tortillas de maíz

5 mazorcas de maíz quitando los granos

2 cucharadas de cáscara de pysilium (no la semilla)

Agua purificada como se necesite

Paté de girasol de Nan (ver receta)

Salsa de queso con nueces (ver receta)

Ponga el maíz y la cáscara de pysilium en un robot de cocina y mezcle hasta que estén suaves; añada agua como sea necesario. La masa debería tener la consistencia de masa para tortitas. Ponga cucharadas grandes de masa en hojas de deshidratador ParaFlexx. Utilizando una cucharada, dé forma con movimiento circular para conseguir círculos del tamaño de tortilla deseado. Deshidrate aproximadamente 4 horas a 105 grados (40 grados C). Dé la vuelta a las tortillas y deshidrate otras 2 horas o hasta que ya no estén mojadas pero a la vez suaves y fáciles de enrollar. No las deje demasiado tiempo en el deshidratador, o las tortillas se endurecerán. Si eso sucede, puede hacer tostadas. Rinde 16-20 tortillas.

Para emplatar las tortillas:

Sitúe las tortillas en la encimera o la tabla del pan. Cubra cada tortilla con 1 cucharada del Paté. Ponga una cucharada de Salsa de queso con nueces o de guacamole en lo alto del relleno; enrolle cada tortilla estilo enchiladas. Pueden servirse con salsa o guacamole, como se desee.

Tortillas verdes del chef Avi Dalene

1 taza de semillas de chía, sin remojar

4 tazas de calabacín (con las pieles o pelados)

1 pimiento amarillo o rojo (el pimiento rojo producirá tortillas de color más oscuro)

1 cucharadita de cilantro

1 cucharadita de comino

1 cucharadita de sal mineralizada de calidad (Sal Celtic o sal del Himalaya)

Chile jalapeño al gusto (los chiles jalapeños verdes no están maduros) o una pizca de copos de chiles rojos deshidratados

¼ de taza de agua de coco Thai (opcional)

2 cucharadas de jugo de lima fresco (opcional)

2 cucharaditas de néctar de agave claro (opcional)

Utilizando una batidora a alta velocidad, muela las semillas de chía para obtener un polvo fino, y aparte. Ponga el calabacín, el pimiento rojo, el cilantro, el comino, la sal, el jalapeño y el chile en una batidora a alta velocidad y procese hasta que estén suaves. Añada la chía en polvo a la mezcla en la batidora a alta velocidad y mezcle suavemente para alcanzar consistencia de masa.

Si la utiliza, añada el agua de coco Thai, el jugo de lima y el néctar de agave (puede necesitar más o menos) y mezcle hasta que estén bien combinados.

Divida en 10 partes iguales y extiéndalas en hojas ParaFlexx. Comenzando en una esquina, añada la mezcla hasta obtener el grosor deseado y dé forma de tortillas. Haga que sean aproximadamente de ¼ de pulgada de espesor. Continúe en todas las hojas ParaFlexx hasta que utilice toda la masa.

Deshidrate a 115 grados (46 grados C) durante unas 5 horas, o hasta que se alcance la sequedad deseada. (Deberían estar secos pero flexibles y suaves. No deshidrate en exceso, o se endurecerán). Deje reposar durante varias horas hasta que esté listo para utilizarlas.

Cuando se estén deshidratando, si las tortillas se ponen demasiado crujientes, mójelas ligeramente rociándolas con un poco de agua de calidad. También, las tortillas pueden situarse en el deshidratador para que se pongan crujientes si están muy blandas al estar guardadas.

Rinde unas 2½ bandejas de deshidratador y forma 10 tortillas grandes, 40 tacos pequeños, o alguna combinación de ambas cosas.

Pizza pesto gourmet con masa de pizza de sémola de pasto de maíz

2 tazas de sémola de pasto de maíz germinado

1-2 dientes de ajo, troceados

¾ de taza de zanahorias finamente rayadas (o utilice pulpa de zanahoria)

¾ de taza de semillas de linaza remojadas (remojar en la noche; crecerán hasta 1½ tazas) o utilice semillas de linaza molidas y agua extra

½ taza de aceite de oliva virgen extra

1 cucharada de aliños italianos (o hierbas frescas al gusto)

1-2 cucharaditas de sal marina Celtic

Agua como sea necesario (normalmente ½-1 taza)

1½ tazas de Salsa pesto (ver receta)

Mezcle todos los ingredientes en un robot de cocina. Comience con la sémola de pasto de trigo y el ajo, seguidos por el resto de los ingredientes. Cubra una hoja de deshidratador con una pequeña cantidad de aceite de oliva y ponga partes de la masa (una cucharada colmada cada una) en las hojas de deshidratar, dando forma circular a cada una con una cuchara. Puede hacer masa para una pizza grande (unas 6 pulgadas en diámetro), o puede hacer círculos individuales más pequeños (unas 3 pulgadas en diámetro). Los círculos más pequeños son más fáciles de servir y comer. Aplaste la masa con un espesor de ⅛-¼ de pulgada golpeando con los pulgares de sus dedos o con una cuchara. Si queda demasiado pegajosa, meta sus dedos en agua a la cual haya añadido un poco de aceite de oliva. Cuando la masa esté aplastada, deshidrate a 105-115 grados (40-46 grados C) durante aproximadamente 7 horas. Dé la vuelta a la masa y seque otras 7-10 horas o hasta que la masa esté completamente seca y crujiente. (Debería estar crujiente para que sepa mejor). Para acelerar el proceso de secado, pásela a la malla metálica. Use una espátula cuando levante la masa, y tenga cuidado cuando la traslade para no romperla. Rinde 36 tortitas.

Cubra con Salsa pesto. También puede cubrirla con Salsa de queso y nueces (ver receta) o Salsa marinara (ver receta)

NOTA: Para germinar el pasto de trigo, remoje 1 taza de

sémola de pasto de trigo durante unas 2 horas; crecerá hasta 2 tazas. Enjuague bien. Póngalo en la encimera en un escurridor cubierto con un trapo de cocina fino o en un germinador durante un día. Enjuague varias veces mientras germina. (Si no tiene tiempo para germinar, puede utilizar pasto de trigo que haya estado en remojo durante 2 horas).

NOTA: Si la corteza está muy seca y se guarda en un recipiente fresco y hermético, puede mantenerse fresca durante varios meses.

Noodles de calabacín con Salsa marinara

6 a 8 calabacines firmes o calabaza amarilla de cuello torcido
1 taza de Salsa marinara (ver receta)
Albahaca fresca, troceada, al gusto (opcional)
Rodajas de aguacate (opcional)

Utilice un cortador espiral de verduras o spirooli para hacer noodles finos y largos con el calabacín. Si es posible, haga los noodles de calabacín unas seis horas antes de servirlos, y deje que reposen en un bol, sin tapar, a temperatura ambiente, que puede mejorar su textura.

Ponga Salsa marinara sobre los noodles, remueva bien los noodles y la salsa, y sirva. Rocíe albahaca fresca troceada y/o rodajas de aguacate. Raciones: 3 a 4.

También puede utilizar Salsa pesto (vea receta). O puede hacer mi favorito: un sencillo plato de pasta de noodles de calabacín mezclado con varias cucharadas de aceite de oliva virgen extra, 2-3 dientes de ajo aplastado, ¼ de taza de olivas secadas al sol, y ¼ de taza de albahaca fresca troceada. Rocíe con sal para darle gusto y sirva.

Paté de girasol de Nan

3 tazas de semillas de girasol, remojadas de 8 a 12 horas;
enjuagar y germinar durante unas 4 horas
1 taza de jugo de limón fresco
½ taza de cebolletas, troceadas
¼-½ taza de tahini crudo
¼ de taza de aminos líquidos o shoyu
2-4 rodajas de cebolla roja, partidas en pedazos
4-6 cucharadas de perejil, troceado
2-3 dientes de ajo medianos
½ cucharadita de pimienta de cayena
1-2 cucharadas de jengibre, troceado
1 cucharadita de comino

Mezcle todos los ingredientes en un robot de cocina hasta que
todos los ingredientes estén suaves y cremosos. Esta mezcla
debería estar en el lado espeso más que en el ligero. Añada un
poco de agua si es necesario. Rinde 7-8 tazas.

Paté de "salmón" falso

2 tazas de nueces
2 zanahorias, rayadas, o utilice pulpa de zanahoria
2 tallos de apio
1 pimiento rojo grande
2 cebollas verdes
1 puñado grande de perejil fresco
½-1 cucharadita de sal marina Celtic
Mayonesa de almendras crudas (ver receta)
Rodajas finas de almendra (opcional)

En un robot de cocina, mezcle todos los ingredientes hasta que
estén suaves. Sirva sobre una cama de lechuga con una cucharada
de mayonesa de almendras crudas o utilícelo como relleno para

tomates rellenos o aguacates rellenos. Rocíe con rodajas finas de almendras. Raciones: 6-8.

Col silvestre marinada

4 cucharadas de aceite de oliva virgen extra

El jugo de 1 o 2 limones

1-2 dientes de ajo, finamente troceados

1 puñado de col silvestre fresca, lavada; quitar las ramas duras
   y sacar la vena central

Ponga el aceite de oliva virgen extra, el jugo de limón y el ajo en un bol pequeño y mezcle. Deje aparte.

Ponga las hojas de col en un plato grande rectangular, alternando la dirección de las hojas mientras las sobrepone y las coloca. Ponga sobre ellas la mezcla de aceite de oliva, cubriendo todas las hojas. Aparte durante 3 horas antes de servir. Raciones: 10-12.

Roulade de almendras

Col silvestre marinada (ver receta)

Relleno de almendras (ver receta)

Tome las hojas de col y extienda 2-3 cucharadas de Relleno de almendras en un lado de cada hoja. Enrolle cada hoja, formando roulade. Repita este proceso, utilizando todo el relleno de almendras y las hojas. Corte cada roulade por la mitad o en tres partes y sirva una o dos por persona. Raciones: 10-12.

Falafel de almendra

3 tazas de almendras, remojadas

1½ tazas de semillas de girasol, remojadas

El jugo de 2 limones

4 dientes de ajo, finamente troceados

½ taza de tahini crudo

1½ cucharadita de curry

3 tazas de hierbas verdes como perejil, cilantro o berza, finamente troceadas (utilizar el robot de cocina o picar finamente)

Remoje frutos secos y semillas durante varias horas. Ponga las almendras remojadas y sin agua en el robot de cocina y pique finamente. Deje a un lado en un bol pequeño. Procese las semillas de girasol remojadas y póngalas en el bol, añadiendo el jugo de limón. Añada ajo, tahini, curry y las hierbas. Mezcle todo y amase con las manos. Haga pequeñas tortitas y sirva frescas o deshidratadas a 105 grados (40 grados C) durante 4-5 horas. Sirva con Salsa de eneldo y girasol (ver receta). Raciones: 6.

Hummus de calabacín

2 calabacines medianos

2 cucharaditas de aceite de oliva

4 dientes de ajo, 1 cucharadita de sal marina Celtic, o 1 cucharadita de copos de dulse

½ taza de jugo de limón o lima

½ taza de semillas de sésamo

½ taza de tahini

⅛ de cucharadita de cayena

1 cucharadita de paprika

1 cucharadita de comino

Mezcle el calabacín, el aceite y el ajo en un robot de cocina. Añada los ingredientes restantes y mezcle. Raciones: 10-12.

Salsa de mango

3 tazas de tomates, en dados

3 tazas de mango fresco, en dados

½ taza de cebolla, picada

½ taza de cilantro, troceado

El jugo de 2 limas

1 diente de ajo, picado

1 cucharadita de jalapeño, picado

½ cucharadita de sal marina Celtic

Mezcle todos los ingredientes en un bol y deje que se mezclen los sabores durante al menos 1 hora antes de servir. Raciones: 10.

Guía de recursos de *La dieta para perder peso de fin de semana*

NÓTESE PARA RECIBIR el boletín de jugos gratuito de Cherie Calbom en www.juiceladyinfo.com.

Sitios web de Cherie

- www.juiceladyinfo.com—información sobre jugos y pérdida de peso
- www.cheriecalbom.com—información sobre los sitios web de Cherie
- www.seelpawaythepounds.com—información sobre el programa y productos de Elimine peso durmiendo
- www.gococonuts.com—información sobre la dieta del coco y el aceite de coco

Otros libros de Cherie y John Calbom

Estos libros pueden pedirse en cualquiera de los sitios web anteriores o llamando al 866-8GETWEL (866-843-8935).

- Cherie Calbom, *The Juice Lady's Turbo Diet* (Siloam)
- Cherie Calbom, *The Juice Lady's Guide to Juicing for Health* (Avery)
- Cherie Calbom con John Calbom, *Juicing, Fasting, and Detoxing for Life* (Wellness Central)
- Cherie Calbom y John Calbom, *Sleep Away the Pounds* (Wellness Central)
- Cherie Calbom, *The Wrinkle Cleanse* (Avery)
- Cherie Calbom y John Calbom, *The Coconut Diet* (Wellness Central)

- Cherie Calbom, John Calbom y Michael Mahaffey, *The Complete Cancer Cleanse* (Thomas Nelson)
- Cherie Calbom, *The Ultimate Smoothie Book* (Wellness Central)

Licuadoras

Encuentre las mejores licuadoras recomendadas por Cherie Calbom. Llame al 866-8GETWEL (866-843-8935) o visite www .juiceladyinfo.com.

Deshidratadores

Encuentre los mejores deshidratadores recomendados por Cherie Calbom. Llame al 866-8GETWEL (866-843-8935) o visite www.juiceladyinfo.com.

Cama elástica

Para ver la Swing Machine (cama elástica), visite www .juiceladyinfo.com o llame al 866-8GETWEL (866-843-8935).

Polvos vegetales

Para adquirir u obtener información sobre polvos Barley Max, Carrot Juice Max y Beet Max, llame al 866-8GETWEL (866-843-8935). (Estos polvos son ideales para cuando viaja o cuando no puede hacer jugos).

Aceite de coco virgen

Para más información sobre el aceite de coco virgen, visite www .gococonuts.com o llame al 866-8GETWEL (866-843-8935). Para ahorrar dinero, pida tamaños más grandes, como galones o litros, que normalmente no encontrará en tiendas.

Suplementos

- Multivitaminas de Thorne Research: llame al 866-843-8935.

- Enzimas digestivas Ness Formula 4 y 16 son excelentes para ayudar en la digestión. Tomadas entre comidas, ayudan a limpiar proteínas no digeridas. Con la adición de enzimas, debería notar que su cabello y sus uñas crecen mejor. Llame al 866-8GETWEL (866-843-8935).

- Citrato de calcio o citramato de calcio (contienen citratomalato de calcio y ácido málico; ofrece solubilidad y estupenda absorción cuando se compara con otras formas de calcio) de Thorne Research: llame al 866-843-8935.

- Citrato de magnesio o citramato de magnesio (como Magnesium Citrate-Malate y ácido málico) de Thorne Research: llame al 866-843-8935.

- Vitamina C con bioflavonoides o Buffered C Powder (contiene ácido ascórbico, calcio, magnesio y potasio) de Thorne Research o Allergy Research: llame al 866-843-8935.

- Vitamina D_3 (1,000 o 5,000 mg) de Thorne Research: llame al 866-843-8935.

Productos para limpiar el colon

Llame al 866-843-8935 para más información sobre las siguientes recomendaciones de fibra de Cherie.

- Medibulk de Thorne (psyllium en polvo, pasas en polvo, pectina de manzana).

- Blessed Herbs Colon Cleanse Kit: después de años de comer comida estándar, es bastante común formar una capa de placa mucoide: material endurecido parecido al mucus y residuo de alimentos que puede revestir el tracto intestinal. Los nutrientes son absorbidos mediante la pared intestinal. La placa obstaculiza nuestra capacidad de absorber nutrientes, lo cual puede conducir a numerosos problemas de salud. Este kit para la limpieza del colon contiene productos que pueden despegar la placa de la pared intestinal y sacarla del sistema: estimulador digestivo, absorbente de toxinas, jarra coctelera y manual de usuario y calendario de dosis. Especifique sabor jengibre o menta. Costo: 89,50 dólares menos el 5 por ciento de descuento.

Kit de limpieza interna

El kit completo y global de limpieza interna de Blessed Herbs contiene 18 productos para un programa de limpieza de 21 días con el kit para la limpieza de colon gratuito. Obtendrá un kit gratuito para limpiar el colon, junto con Rejuvenecedor de hígado-vesícula, Reponedor de bacterias amigables, Limpiador de parásitos, Rejuvenecedor de pulmón, Rejuvenecedor de riñón y bazo, Rejuvenecedor de sangre y piel, y Rejuvenecedor linfático, junto con una jarra coctelera y manual de usuario y calendario de dosis. Especifique sabor jengibre o menta. Costo: 279 dólares menos el 5 por ciento de descuento.

Puede pedir productos de limpieza de Blessed Herbs y obtener el 5 por ciento de descuento llamando al 866-843-8935. Si quiere leer más sobre los kit de limpieza de Blessed Herbs, visite mi sitio web www.juiceladyinfo.com. Sin embargo, necesitará pedir mediante el número gratuito para obtener el descuento.

Productos de limpieza de hígado/vesícula

+ S.A.T. de Thorne (leche de cardo, alcachofa, cúrcuma) junto con Cysteplus (N-acetil-L-cisteína) y Lipotropein (vitaminas, minerales, L-metionine y otras hierbas que incluyen diente de león, hoja de remolacha y raíz de rábano negro); llame al 866-843-8935.

+ Tinturas herbales chinas (kit de 4 partes) para usar con el programa de desintoxicación del hígado de Cherie; llame al 866-843-8935.

Productos de limpieza para la *Candida albicans*
+ Reponedor de bacterias amigables: visite www
  .juiceladyinfo.com.
+ Blessed Herbs Total Body Cleanse: visite www
  .juiceladyinfo.com o llame al 866-843-8935.

Productos para la limpieza de parásitos
+ Large Para Cleanser 1 y 2 y Small Para Cleanser: visite
  www.juiceladyinfo.com.
+ Blessed Herbs Total Body Cleanse: visite www
  .juiceladyinfo.com o llame al 866-843-8935.

Hierbas para limpiar el hígado
+ Blessed Herbs Kidney & Bladder Rejuvenator: llame al
  866-843-8935.

Productos para limpiar metales pesados y compuestos tóxicos
  Para todos estos productos, llame al 866-843-8935.
+ Captomer de Thorne (ácido sucínico de 100 mg de
  DMSA); para quelatar metales pesados.
+ Heavy Metal Support de Thorne; sustituye importantes
  minerales y otros nutrientes perdidos durante la quela-
  ción del metal.
+ Toxic Relief Booster de Thorne; nutrientes diseñados para
  ayudar en a metabolizar la mayor cantidad de toxinas
  acumuladas en grasa y liberadas al flujo sanguíneo durante una limpieza
+ Formaldehyde Relief de Thorne; proporciona nutrientes
  necesarios para la desintoxicación del formaldehído pro-
  veniente de gases en alfombras y muebles, al igual que
  compuestos producidos por Candida albicans o por el metabolismo del alcohol.

- Solvent Remover de Thorne; contiene aminoácidos concretos para disolver la desintoxicación en el hígado, al igual que nutrientes que ayudan a proteger nervios del daño solvente
- Pesticide Protector de Thorne; ayuda en la desintoxicación de pesticidas clorinados, organofosfatos, carbamatos y piretrinas

INFORMACIÓN Y PRODUCTOS PARA TRASTORNOS CONCRETOS

Trastornos del sueño

Probar neurotransmisores es la mejor manera de determinar si existe agotamiento de sustancias químicas cerebrales que podrían estar causando problemas de sueño. La prueba puede completarse si usted está tomando medicamentos o no. Puede determinar si sus neurotransmisores están desequilibrados tomando la prueba Brain Wellness Programs Self Test. Tan sólo visite www.neurogistics.com y haga clic en "Get Started". Use el código médico SLEEP (todo mayúsculas). Puede pedir el programa, que incluye un análisis de orina en casa que le dará un reporte de sus niveles de neurotransmisores. Se le dará un protocolo a medida con pautas de los aminoácidos correctos que ha de tomar para ayudar a corregir sus desequilibrios. O puede llamar al 866-843-8935 para más información.

Después del fin de semana: lista de alimentos sanos y manual de raciones

VERDURAS Y LEGUMBRES		
Escoja *Prepare crudo, ligeramente al vapor o al grill*	**Limite** *Hasta alcanzar su meta de pérdida de peso*	**Evite**
Alcachofas	Calabaza redonda	Frijoles asados y refritos
Espárragos	Frijoles, todos	Verduras empanadas, fritas, muy fritas o salteadas
Brotes de bambú	Maíz	Olivas, empaquetadas en aceite
Hojas de berza y remolacha	Lentejas	Patatas, blancas
Bok choy	Batatas	Pepinillos dulces
Col romanesca	Chícharos	
Brócoli	Patatas (púrpura, rojas)	
Grelos	Boniato	
Brécol inglés		
Col de Bruselas		
Col (china, verde, roja, savoy)		
Zanahorias		

VERDURAS Y LEGUMBRES		
Escoja *Prepare crudo, ligeramente al vapor o al grill*	**Limite** *Hasta alcanzar su meta de pérdida de peso*	**Evite**
Mandioca		
Coliflor		
Apio		
Apio nabo		
Acelga		
Chayote		
Repollo		
Pepino		
Hojas de diente de león		
Berenjena		
Endivia		
Hinojo		
Jícama		
Col rizada		
Kohlrabi		
Lechuga, todas las variedades		
Champiñones, todas las variedades		
Mostaza parda		
Okra		
Cebolla		
Perejil		
Chícharos		
Pimientos (rojos, verdes, amarillos, púrpura)		
Radicchio		

VERDURAS Y LEGUMBRES		
Escoja *Prepare crudo, ligeramente al vapor o al grill*	**Limite** *Hasta alcanzar su meta de pérdida de peso*	**Evite**
Rábanos, todas lasa variedades		
Nabicol		
Chucrut		
Cebolleta		
Acedera		
Semillas de soja (edamame, sólo orgánica)		
Espinacas		
Brotes		
Calabaza (verde, spaguetti, verano/ amarillo, calabacín)		
Tomatillo		
Tomate (aunque se considera una verdura, en realidad es una fruta, clasificado como baya), todas las variedades		
Taro		
Nabo		
Castañas de agua		
Berro		

FRUTAS	
Escoja	**Evite**
Manzana	Uvas, todos los tipos
Albaricoque	Mango
Moras	Caqui
Arándanos	Plátano macho

FRUTAS	
Escoja	**Evite**
Cantalupo	Pasas
Cerezas	Sandía
Coco	
Toronja	
Melón chino	
Kiwi	
Melón	
Nectarina	
Naranja	
Papaya	
Durazno	
Pera	
Piña	
Ciruela	
Frambuesas	
Fresas	
Tangelo	
Mandarina	

PROTEÍNA		
Escoja		**Evite**
Vegano	Bisón (búfalo)	Beicon
Frijoles	Calamar	Alitas con salsa picante
Lentejas	Pollo (pechuga sin piel y muslos es lo mejor)	Beicon canadiense
Tofu orgánico (en pequeñas cantidades)	Almejas	Palitos de pescado

PROTEÍNA		
Escoja		**Evite**
Frutos secos	Gallina de Cornualles	Pollo frito
Chícharos	Cangrejo	Res picada (más de un 10 por ciento de grasa)
	Huevos	Perritos calientes (res, pollo, cerdo, pavo)
	Alce	Cecina, res y pavo
	Pescado fresco salvaje, todos los tipos	Hígado
	Cordero	Liverwurst
	Mejillones	Cerdo (especialmente beicon y jamón asado con miel)
	Ostras	Productos avícolas procesados
	Pavo (sin piel es mejor)	Salami
	Beicon de pavo (limite a dos lonchas)	Salchichas
		Marisco (enlatado en aceite)
		Beicon de pavo
		Salchicha de pavo
		Turkey bacon
		Turkey sausage

LÁCTEOS Y ALTERNATIVAS A LÁCTEOS	
Escoja _Sin antibióticos, preferiblemente orgánicos_	**Evite**
Leche alternativa (almendra, cáñamo, avena, arroz)	Queso cottage
Queso (las mejores elecciones son de almendra, feta, de cabra, de arroz)	Crema, mitad y mitad

| LÁCTEOS Y ALTERNATIVAS A LÁCTEOS ||
Escoja *Sin antibióticos, preferiblemente orgánicos*	**Evite**
	Queso crema, todos los tipos
	Yogur congelado
	Helado, todos los tipos
	Leche
	La mayoría de quesos (excepto la lista de escogidos)
	Crema agria
	Yogur

| BEBIDAS ||
Escoja	**Evite**
Té verde	Alcohol (cerveza, vino, bebidas mezcladas)
Té de hierbas	Bebidas con sabores o edulcorantes artificiales
Agua mineral con limón, lima, o concentrado de arándanos rojos sin edulcorar para añadir sabor	Bebidas con azúcar, sirope de maíz de alta fructosa u otros edulcorantes
Jugos vegetales	Bebidas chocolatadas, cacao
Té blanco	Café
	Refrescos light
	Agua con sabor, edulcorada
	Jugos de frutas
	Refrescos
	Leche de soja (un goistrogeno)
	Bebidas para deportistas

| GRANOS, PANES Y CEREALES ||
Escoja	Evite
Grano integral al 100 por ciento germinado	Bagels, todos los tipos
Cebada	Galletas saladas
Arroz integral	Pan (excepto la lista de escogidos)
Sémola de pasto de trigo	Migas de pan
Muesli (sin azúcar o fruta deshidratada añadidos)	Palitos de pan
Salvado de avena	Chips, todos los tipos
Pan de salvado de avena	Pan de maíz
Harina de avena	Crackers, todos los tipos
Salvado de arroz	Croissants
Centeno, integral	Panecillos ingleses
Salvado de cereales sin edulcorar	Muesli, todos los tipos, y otros cereales (excepto la lista de escogidos)
Arroz salvaje (pasto de cereal)	Tostada Melba
	Muffins, todos los tipos
	Tortitas
	Pasta y noodles, incluido el estilo ramen
	Pan de pita
	Palomitas de maíz (hasta que alcance su peso ideal)
	Pastelitos de maíz
	Pretzels
	Arroz (blanco, frito, español)
	Pastelitos de arroz
	Panecillos (para hamburguesa, para perritos calientes)
	Tortilla crujiente de maíz
	Tortillas
	Waffles

GRASAS Y ACEITES	
Escoja	**Evite**
Aceite de coco (virgen, orgánico)	Aceite de cáñamo
Aceite de oliva (extra virgen, orgánico)	Aceite de maíz
	Aceite de cacahuate
	Aceite de cártamo
	Aceite de soja
	Aceite de girasol

FRUTOS SECOS, MANTEQUILLAS DE FRUTOS SECOS, SEMILLAS Y MANTEQUILLAS DE SEMILLAS	
Producto	**Cantidad**
Mantequilla de almendra	1 cucharadita
Almendras	Menos de 24
Nueces de Brasil	Menos de 6
Mantequilla de anacardo	1 cucharadita
Anacardos	Menos de 6
Mantequilla de avellana	1 cucharadita
Avellanas	Menos de 12
Mantequilla de nuez de macadamia	1 cucharadita
Nueces de macadamia	Menos de 12
Pacanas (mitades)	Menos de 24
Piñones	Menos de 24
Pistachos	Menos de 24
Semillas de calabaza	Menos de 2 cucharadas
Semillas de sésamo	Menos de 2 cucharadas
Semillas de girasol	Menos de 2 cucharadas
Tahini (mantequilla de semilla de sésamo)	1 cucharadita
Nueces (mitades)	Menos de 12

| AZÚCAR, SUSTITUTOS DEL AZÚCAR Y ANTOJOS DULCES ||
Escoja	Evite
Fruta fresca	Sirope de agave*
Agua de coco congelado	Edulcorantes artificiales, todos
Semillas (girasol, calabaza)	Sirope de arroz integral*
	Azúcar moreno
	Brownies
	Pasteles
	Caramelo
	Barritas de caramelo
	Jugo enlatado
	Chocolate
	Galletas
	Sirope de maíz
	Dextrina
	Rosquillas
	Barritas energéticas
	Antojos helados
	Yogur helado
	Gelatina
	Sirope de maíz de alta fructosa
	Miel silvestre*
	Helado
	Sirope puro de maple*
	Melaza
	Mousse
	Pastas

AZÚCAR, SUSTITUTOS DEL AZÚCAR Y ANTOJOS DULCES	
Escoja	**Evite**
	Pies
	Pudding
	Sorbete
	Sucanat
	Sucrosa (azúcar blanco)
	Alcoholes del azúcar (como sorbitol, manitol)
	Postre de tofu helado
	Nata batida
	Xilitol

* Está bien si se consume con mucha moderación; pero evítelo en lo posible porque sí contiene azúcar.

CONDIMENTOS	
Escoja	**Evite**
Aceite de oliva virgen extra	Tiras de beicon
Ajo	Aliños para ensalada comerciales hechos con aceites poliinsaturados
Hierbas	Croutons
Rábano picante	Mermeladas y gelatinas de frutas, conservas
Hummus	Salsas de fruta
Jugo de limón	Kétchup
Jugo de lima	Manteca
Mayonesa	Margarina
Mostaza	Mantequilla de cacahuate
Olivas, enlatadas en agua	Pepinillos (excepto en eneldo)
Cebollas	Productos de sándwich para untar
Pepinillos	Manteca, vegetal

CONDIMENTOS	
Escoja	**Evite**
Salsa	Crema agria
Sauerkraut	Salsa de pepinillos dulces
Chalota	
Salsa de spaguetti, sin azúcar	
Especias	
Tahini	
Aceite de coco virgen	

Pautas para raciones por día

- Proteína—animal o vegana: 4-6 onzas (113-170 g) por comida
- Huevos—no más de uno por día
- Legumbres—tres raciones de 1 taza por semana
- Granos—dos a tres raciones de 1 taza por semana
- Frutos secos, semillas, mantequillas de frutos secos—24 semillas pequeñas; 12 de tamaño medio como almendras; 6 grandes como la macadamia; 1 cucharadita de mantequilla de frutos secos
- Fruta—una o dos raciones por día
- Verduras—sin límite
- Edulcorante—pequeña cantidad de stevia

Notas

1—PÉRDIDA DE PESO EN UNA MISIÓN

1. Como se referencia en Antoaneta Sawyer, "Role of Probiotics and Prebiotics in the Modern Diet", Examiner.com, 12 de junio de 2010, http://www.examiner.com/diets-in-milwaukee/role-of-probiotics-and-prebiotics-the-modern-diet (consultado en línea 9 de marzo de 2011).

2. *First for Women*, "Dr. Oz's #1 Fat Cure", 10 de enero de 2011, pp. 32–35.

3. Patrice Carter, Laura J. Gray, Jacqui Troughton, Kamlesh Khunti y Melanie J. Davies, "Fruit and Vegetable Intake and Incidence of Type 2 Diabetes Mellitus: Systematic Review and Meta-Analysis", *British Medical Journal* 341 (Agosto de 2010): http://www.bmj.com/content/341/bmj.c4229.full (consultado en línea, 8 de marzo de 2011).

4. Adein Cassidy et al., "Plasma Adiponectin Concentrations Are Associated With Body Composition and Plant-Based Dietary Factors in Female Twins", *Journal of Nutrition* 139, no. 2 (Febrero de 2009): pp. 353–358.

5. ScienceDaily.com, "Brain Chemical Boosts Body Heat, Aids in Calorie Burn, UT Southwestern Research Suggests", 7 de julio de 2010, http://www.sciencedaily.com/releases/2010/07/100706123015.htm (consultado en línea 6 de marzo de 2011).

6. ScienceDaily.com, "Peppers May Increase Energy Expenditure in People Trying to Lose Weight", 28 de abril de 2010, http://www.sciencedaily.com/releases/2010/04/100427190934.htm (consultado en línea 28 de diciembre de 2010).

7. Judy Siegel, "Garlic Prevents Obesity", *Jerusalem Post*, 30 de octubre de 2001, p. 5.

8. Niki Fears, "Cranberries and Weight Loss", eHow.com, http://www.ehow.com/about_5417851_cranberries-weight-loss.html (consultado en línea 28 de diciembre de 2010).

9. *Woman's World*, "Slimming New Juice Cure", 27 de diciembre de 2010, pp. 18–19.

10. ScienceDaily.com, "Blueberries May Help Reduce Belly Fat, Diabetes Risk", 20 de abril de 2009, http://www.sciencedaily.com/

releases/2009/04/090419170112.htm (consultado en línea 9 de marzo de 2011).

11. Jennie Brand-Miller, "A Glycemic Index Expert Responds to the Tufts Research", DiabetesHealth.com, 18 de octubre de 2007, http://www.diabeteshealth.com/read/2007/10/18/5496/a-glycemic-index-expert-responds-to-the-tufts-research (consultado en línea 5 de febrero de 2010).

12. Richard Fogoros, "Low Glycemic Weight Loss Is Longer Lasting", About.com: Heart Disease, http://heartdisease.about.com/od/dietandobesity/a/logly.htm (consultado en línea 12 de marzo de 2010).

2—Los diez principales
OBSTÁCULOS PARA PERDER PESO

1. Una conversación que el Dr. Robert C. Atkins mantuvo con Brenda Watson, autora de *Gut Solutions*, como Brenda Watson relató a Cherie Calbom, febrero de 2004.

2. Craig Lambert, "Deep Into Sleep", *Harvard Magazine*, Julio–Agosto de 2005, http://harvardmagazine.com/2005/07/deep-into-sleep.html (consultado en línea 29 de enero de 2010).

3. National Sleep Foundation, *2005 Sleep in America Poll*, 29 de marzo de 2005, http://www.sleepfoundation.org/sites/default/files/2005_summary_of_findings.pdf (consultado en línea 29 de enero de 2010).

4. James E. Gangwisch, Dolores Malaspina, Bernadette Boden-Albala y Steven B. Heymsfield, "Inadequate Sleep as a Risk Factor for Obesity: Analyses of the NHANES 1", *Sleep* 28, no. 10 (2005): pp. 1289–1296, http://www.journalsleep.org/ Articles/281017.pdf (consultado en línea 2 de febrero de 2010).

5. Colette Bouchez, "The Dream Diet: Losing Weight While You Sleep", WebMD.com, http://www.webmd.com/sleep-disorders/guide/lose-weight-while-sleeping (consultado en línea 10 de marzo de 2011).

6. John Easton, "Lack of Sleep Alters Hormones, Metabolism", *University of Chicago Chronicle*, 2 de diciembre de 1999, http://chronicle.uchicago.edu/991202/sleep.shtml (consultado en línea 10 de marzo de 2011).

7. Bouchez, "The Dream Diet: Losing Weight While You Sleep".

8. *Ibíd.*

9. Easton, "Lack of Sleep Alters Hormones, Metabolism".

10. Cherie Calbom y John Calbom, *Sleep Away the Pounds* (New York: Warner Wellness, 2007).

11. Ulrich Harttig y George S. Bailey, "Chemoprotection by Natural Chlorophylls *in vivo*: Inhibition of Dibenzo[a,l]pyrene–DNA Adducts in Rainbow Trout Liver", *Carcinogenesis* 19, no. 7 (1998): pp. 1323–1326.

12. Mercola.com, "The Truth About Candida Overgrowth", 4 de diciembre de 2009, http://www.drmercola.info/2009/12/the-truth -about-candida-overgrowth/ (consultado en línea 9 de marzo de 2011).

13. R. E. Ley, P. J. Turnbaugh, S. Klein y J. I. Gordon, "Microbial Ecology: Human Gut Microbes Associated With Obesity", *Nature* 444, no. 7122 (21 de diciembre de 2006): 1022–1023.

14. Y. Kadooka et al., "Regulation of Abdominal Adiposity by Probiotics (Lactobacillus gasseri SBT2055) in Adults With Obese Tendencies in a Randomized Controlled Trial", *European Journal of Clinical Nutrition* 64, no. 6 (Junio de 2010): pp. 636–643.

15. Katherine Zeratsky, "Probiotics: Important for a Healthy Diet?", MayoClinic.com, 17 de abril de 2010, http://www.mayoclinic.com/ health/probiotics/AN00389 (consultado en línea 9 de marzo de 2011).

16. *First for Women*, "Break the Yeast–Belly Fat Cycle", p. 31.

17. D. O. Ogbolu, A. A. Oni, O. A. Daini y A. P. Oloko, "*In Vitro* Antimicrobial Properties of Coconut Oil on Candida Species in Ibadan, Nigeria", *Journal of Medical Food* 10, no. 2 (Junio de 2007): pp. 384–387.

18. Joseph Mercola, "This Cooking Oil Is a Powerful Virus-Destroyer and Antibiotic…", Mercola.com, 22 de octubre de 2010, http:// articles.mercola.com/sites/articles/archive/2010/10/22/coconut-oil -and-saturated-fats-can-make-you-healthy.aspx (consultado en línea 9 de marzo de 2011).

19. *Ibíd.*

3—POR QUÉ UNA DIETA LÍQUIDA
ARRANCA LA PÉRDIDA DE PESO

1. Megan Rauscher, "Vegetable Juice May Help With Weight Loss", Reuters.com, 22 de abril de 2009, http://www.reuters.com/article/ idUSTRE53L60S20090422 (consultado en línea 5 de febrero de 2010).

2. MedicalNewsToday.com, "Vegetable Use Aided in Dietary Support for Weight Loss and Lower Blood Pressure", 21 de octubre de 2009, http://www.medicalnewstoday.com/articles/168174.php (consultado en línea 5 de febrero de 2010).

3. Ibíd.

4. Ibíd.

5. WebMD.com, "What Is Metabolic Syndrome?", 25 de enero de 2009, http://www.webmd.com/heart/metabolic-syndrome/metabolic -syndrome-what-is-it (consultado en línea 27 de enero de 2010).

6. PRNewswire.com, "How Much Do Fruits and Vegetables Really Cost?", 3 de febrero de 2011, http://www.prnewswire.com/news -releases/how-much-do-fruits-and-vegetables-really-cost-115223374 .html (consultado en línea 9 de marzo de 2011).

4—LA DIETA PARA PERDER
PESO DE FIN DE SEMANA

1. National Weight Control Registry, "NWCR Facts", http://www .nwcr.ws/Research/default.htm (consultado en línea 9 de marzo de 2011).

2. "Dr. Oz's Top 5 Mistakes Dieters Make", posted by Norine Dworkin-McDaniel, ThatsFit.com, 26 de diciembre de 2010, http://www .thatsfit.com/2010/12/26/dr-ozs-top-5-mistakes-dieters-make/ (consultado en línea 9 de marzo de 2011).

3. Mark A. Pereira, Janis Swain, Allison B. Goldfine, Nader Rifai y David S. Ludwig, "Effects of a Low-Glycemic Load Diet on Resting Energy Expenditure and Heart Disease Risk Factors During Weight Loss", *Journal of the American Medical Association* 292, no. 20 (24 de noviembre de 2004): pp. 2482–2490.

5—EN EL PASILLO DE LA
FRUTERÍA (GUÍA DE COMPRAS)

1. Virginia Worthington, "Nutritional Quality of Organic Versus Conventional Fruits, Vegetables, and Grains", *Journal of Alternative and Complementary Medicine* 7, no. 2 (2001): pp. 161–173.

2. Joseph Mercola con Rachel Droege, "How Many Pesticides Are in Your Food? Find Out Now!", 10 de marzo de 2004, http://articles .mercola.com/sites/articles/archive/2004/03/10/pesticides-food.aspx (consultado en línea 9 de marzo de 2011).

3. Maryland Pesticide Network, "Pesticide News", http://www
.mdpestnet.org/resource/news/2010.htm (consultado en línea 7 de
febrero de 2010).

4. Melissa J. Perry y Frederick R. Bloom, "Perceptions of Pesticide-
Associated Cancer Risks Among Farmers: A Qualitative
Assessment", *Human Organization* 57 (1998): pp. 342–349.

5. Maria Rodale "Organic Can Feed the World", *PCC Sound Consumer*,
septiembre de 2010.

6. *Ibíd.*

7. Jon Ungoed-Thomas, "Official: Organic Really Is Better", *Sunday
Times*, 28 de octubre de 2007, http://www.timesonline.co.uk/tol/
news/uk/health/article2753446.ece (consultado en línea 28 de enero
de 2010).

8. Worthington, "Nutritional Quality of Organic Versus Conventional
Fruits, Vegetables, and Grains"; US Department of Agriculture,
Pesticide Data Program: Annual Summary Calendar Year 2005
(Washington: Agricultural Marketing Service, 2006), http://www
.ams.usda.gov/AMSv1.0/getfile?dDocName=STELPRDC5049946
(consultado en línea 3 de febrero de 2011).

9. Jeffrey Norris, "Chemicals in Environment Deserve Study for
Possible Role in Fat Gain, Says Byers Award Recipient", UCSF
News, 15 de diciembre de 2010, http://www.ucsf.edu/news/2010/
12/6017/obesity-pesticides-pollutants-toxins-and-drugs-linked
-studies-c-elegans (consultado en línea 10 de marzo de 2011).

10. Ronnie Cummins, "The Road Ahead: Steps Toward a Global
Uprising", Organic Consumers Association, 9 de diciembre de
2010, http://www.organicconsumers.org/articles/article_22174.cfm
(consultado en línea 11 de marzo de 2011). También, Environmental
Working Group, "EWG's Shopper's Guide to Pesticides in Produce",
http://www.ewg.org/foodnews/summary/ (consultado en línea 20 de
octubre de 2011).

11. US Food and Drug Administration, "Regulation of Foods Derived
From Plants", declaración de Lester M. Crawford delante del
Subcommittee on Conservation, Rural Development, and Research
House Committee on Agriculture, 17 de junio de 2003, http://www
.fda.gov/NewsEvents/Testimony/ucm161037.htm (consultado en
línea 11 de marzo de 2011).

12. Mavis Butcher, "Genetically Modified Food—GM Foods List and
Information", Disabled-World.com, 22 de septiembre de 2009 http://

www.disabled-world.com/fitness/gm-foods.php (consultado en línea 11 de marzo de 2011).

13. *Ibíd.*

14. What's on My Food?, "51 Pesticide Residues Found by the USDA Pesticide Data Program", http://www.whatsonmyfood.org/food .jsp?food=LT (consultado en línea 20 de octubre de 2011).

15. Environmental Working Group, "EWG's Shopper's Guide to Pesticides in Produce", http://www.ewg.org/foodnews/summary/ (consultado en línea 20 de octubre de 2011).

16. J. D. Decuypere, "Radiation, Irradiation, and Our Food Supply", *The Decuypere Report*, http://www.healthalternatives2000.com/food -supply-report.html (consultado en línea 11 de marzo de 2011).

17. *Ibíd.*

18. *Ibíd.*

19. US Food and Drug Administration, "Regulation of Foods Derived From Plants", declaración de Lester M. Crawford delante del Subcommittee on Conservation, Rural Development, and Research House Committee on Agriculture, 17 de junio de 2003, http://www .fda.gov/NewsEvents/Testimony/ucm161037.htm (consultado en línea 11 de marzo de 2011).

20. Mavis Butcher, "Genetically Modified Food—GM Foods List and Information," Disabled-World.com, 22 de septiembre de 2009 http:// www.disabled-world.com/fitness/gm-foods.php (consultado en línea 11 de marzo de 2011).

21. *Ibíd.*

22. Ronnie Cummins, "The Road Ahead: Steps Toward a Global Uprising", Organic Consumers Association, 9 de diciembre de 2010, http://www.organicconsumers.org/articles/article_22174.cfm (consultado en línea 11 de marzo de 2011).

6—Después del fin de semana: Cómo mantener la pérdida de peso y sentirse estupendamente

1. EatWild.com, "Summary of Important Health Benefits of Grassfed Meats, Eggs, and Dairy", http://www.eatwild.com/healthbenefits .htm (consultado en línea 3 de febrero de 2010).

2. C. Ip, J. A. Scimeca y H. J. Thompson, "Conjugated Linoleic Acid: A Powerful Anticarcinogen From Animal Fat Sources", *Cancer* 74, supl. 3 (1 de agosto de 1994): pp. 1050–1054; K. L. Houseknecht, J. P.

Vanden Heuvel, S. Y. Moya-Camarena, et al., "Dietary Conjugated Linoleic Acid Normalizes Impaired Glucose Tolerance in the Zucker Diabetic Fatty Fa/Fa Rat", *Biochemical and Biophysical Research Communications* 244, no. 3 (27 de marzo de 1998): pp. 678–682, abstracto visto en http://www.ncbi.nlm.nih.gov/pubmed/9535724 (consultado en línea 3 de febrero de 2010).

3. G. C. Smith, "Dietary Supplementation of Vitamin E to Cattle to Improve Shelf Life and Case Life of Beef for Domestic and International Markets", Colorado State University, referenciado en EatWild.com, "Summary of Important Health Benefits of Grassfed Meats, Eggs, and Dairy", http://www.eatwild.com/healthbenefits .htm (consultado en línea 11 de marzo de 2011).

4. W. G. Kruggel, R. A. Field, G. J. Miller, K. M. Horton y J. R. Busboom, "Influence of Sex and Diet on Lutein in Lamb Fat", *Journal of Animal Science* 54 (1982): pp. 970–975.

5. World-wire.com, "American Public Health Association Supports Ban on Hormonal Milk and Meat", nota de prensa, 13 de noviembre de 2009, http://www.world-wire.com/news/0911130001.html (consultado en línea 11 de marzo de 2011).

6. ConsumerReports.org. "Chicken: Arsenic and Antibiotics", julio de 2007, http://www.consumerreports.org/cro/food/food-safety/animal -feed-and-food/animal-feed-and-the-food-supply-105/chicken-arsenic -and-antibiotics/index.htm (consultado en línea 11 de marzo de 2011).

7. Tabitha Alterman, "Eggciting News!", MotherEarthNews.com, 15 de octubre de 2008, http://www.motherearthnews.com/Relish/ Pastured-Eggs-Vitamin-D-Content.aspx (consultado en línea 11 de marzo de 2011).

8. *Ibíd.*

9. L. Scalfi, A. Coltorti y F. Contaldo, "Postprandial Thermogenesis in Lean and Obese Subjects After Meals Supplemented With Medium-Chain and Long-Chain Triglycerides", *American Journal of Clinical Nutrition* 53, no. 5 (1 de mayo de 1991): pp. 1130–1133.

10. Ogbolu, Oni, Daini y Oloko, "*In Vitro* Antimicrobial Properties of Coconut Oil on Candida Species in Ibadan, Nigeria".

11."Vegetable Oils/Fatty Acid Composition, Hexane Residues, Declaration, Pesticides (Organic Culinary Oils Only)", una campaña conjunta ciudad de Basilea (laboratorio especialista) y condado de Basilea, http://www.kantonslabor-bs.ch/files/berichte/Report0424 .pdf (consultado en línea 11 de marzo de 2011).

12. S. Couvreur, C. Hurtaud, C. Lopez, L. Delaby, and J. L. Peyraud, "The Linear Relationship Between the Proportion of Fresh Grass in the Cow Diet, Milk Fatty Acid Composition, and Butter Properties", *Journal of Dairy Science* 89, no. 6 (junio de 2006): pp. 1956–1969, como se referencia en EatWild.com, "Summary of Important Health Benefits of Grassfed Meats, Eggs, and Dairy".

13. *Ibíd.*

14. S. O'Keefe, S. Gaskins-Wright, V. Wiley y I-C. Chen, "Levels of Trans Geometrical Isomers of Essential Fatty Acids in Some Unhydrogenated U.S. Vegetable Oils", *Journal of Food Lipids* 1, no. 3 (septiembre de 1994): pp. 165–176, referenciado en WestonAPrice. org, "The Oiling of America", 1 de enero de 2000, http://www .westonaprice.org/know-your-fats/525-the-oiling-of-america.html (consultado en línea 11 de marzo de 2011).

15. *New York Times*, "Fat in Margarine Is Tied to Heart Problems", 16 de mayo de 1994, http://www.nytimes.com/1994/05/16/us/fat-in -margarine-is-tied-to-heart-problems.html (consultado en línea 11 de marzo de 2011).

16. Alice Park, "Can Sugar Substitutes Make You Fat?", *Time*, 10 de febrero de 2008, http://www.time.com/time/health/article/ 0,8599,1711763,00.html (consultado en línea 11 de marzo de 2011).

17. Woodrow C. Monte, "Aspartame: Methanol and Public Health", *Journal of Applied Nutrition* 36, no. 1 (1984): pp. 44, referenciado en el documental *Sweet Misery* (Tucson, AZ: Sound and Fury Productions, 2004), http://www.soundandfury.tv/pages/sweet%20 misery.html (consultado en línea 11 de marzo de 2011).

18. *Ibíd.*, también, Dani Veracity, "The Link Between Aspartame and Brain Tumors: What the FDA Never Told You About Artificial Sweeteners", NaturalNews.com, 22 de septiembre de 2005, http:// www.naturalnews.com/011804.html (consultado en línea 11 de marzo de 2011).

19. Citizens for Health, "Chairman of Citizens for Health Declares FDA Should Review Approval of Splenda", nota de prensa, 22 de septiembre de 2008, http://www.globenewswire.com/newsroom/ news.html?d=150785 (consultado en línea 11 de marzo de 2011), referenciado en Joanne Waldron, "Duke University Study Links Splenda to Weight Gain, Health Problems", NaturalNews.com, 20 de octubre de 2008, http://www.naturalnews.com/024543.html (consultado en línea 11 de marzo de 2011).

20. Byron Richards, "High Fructose Corn Syrup Makes Your Brain Crave Food", 51commerce.net, 1 de abril de 2009, http://www.51commerce.net/weight/articles/high_fructose_corn_syrup_makes_your_brain_crave_ food/index.htm (consultado en línea 11 de marzo de 2011).

21. Yoshio Nagai et al., "The Role of Peroxisome Proliferator-Activated Receptor γ Coactivator-1 β in the Pathogenesis of Fructose-Induced Insulin Resistance", *Cell Metabolism* 9, no. 3 (4 de marzo de 2009): pp. 252–264.

22. *International Journal of Obesity and Related Metabolic Disorders* (16 de septiembre de 2003), referenciado en "Calcium and Weight Loss", In Focus Newsletter, mayo de 2005, http://www.nutricology.com/In-Focus-Newsletter-May-2005-sp-45.html (consultado en línea 4 de febrero de 2010).

23. Y. C. Lin, R. M. Lyle, L. D. McCabe, G. P. McCabe, C. M. Weaver y D. Teegarden, "Daily Calcium Is Related to Changes in Body Composition During a Two-Year Exercise Intervention in Young Women", *Journal of the American College of Nutrition* 19, no 6 (Noviembre–Diciembre de 2000): pp. 754–760, abstracto visto en http://www.ncbi.nlm.nih.gov/pubmed/11194528 (consultado en línea 4 de febrero de 2010).

24. K. M. Davies, R. P. Heaney, R. R. Recker, et al., "Calcium Intake and Body Weight", *Journal of Clinical Endocrinology and Metabolism* 85, no. 12 (diciembre de 2000): pp. 4635–4638, abstracto visto en http://www .ncbi.nlm.nih.gov/pubmed/11134120 (consultado en línea 4 de febrero de 2010).

25. *Endocrine Today*, "High Levels of Vitamin D, Low-Calorie Diet May Increase Weight Loss", 31 de diciembre de 2009, http://www .endocrinetoday.com/view.aspx?rid=59663 (consultado en línea 4 de febrero de 2010).

26. F. Ceci, C. Cangiano, M. Cairella, et al., "The Effects of Oral 5-Hydroxytryptophan Administration on Feeding Behavior in Obese Adult Female Subjects", *Journal of Neural Transmission* 76, no. 2 (1989): pp. 109–117.

27. C. Cangiano, F. Ceci, M. Cairella, et al., "Effects of 5-Hydroxytryptophan on Eating Behavior and Adherence to Dietary Prescriptions in Obese Adult Subjects", *Advances in Experimental Medicine and Biology* 294 (1991): pp. 591–593.

28. Steven A. Abrams, Ian J. Griffin, Keli M. Hawthorne y Kenneth J.

Ellis, "Effect of Prebiotic Supplementation and Calcium Intake on Body Mass Index", *Journal of Pediatrics* 151, no. 3 (septiembre de 2007): pp. 293–298, abstracto visto en http://www.jpeds.com/article/S0022-3476(07)00280-6/abstract (consultado en línea 4 de febrero de 2010).

29. USAToday.com, "Study: 10 Minutes of Exercise Yields Hour-Long Effects", 1 de junio de 2010, http://www.usatoday.com/news/health/weightloss/2010-06-01-exercise-metabolism_N.htm (consultado en línea 9 de marzo de 2011).

30. *Ibíd.*

31. Calbom and Calbom, *Sleep Away the Pounds*.